JUNG & HUNGRIG

Callum Hann

JUNG & HUNGRIG

Kochen für Einsteiger

Übersetzt von Sabine Schlimm

Hölker Verlag

INHALT

VORWORT

Jeder muss dreimal am Tag essen, ein Leben lang. Diese Erkenntnis hat mich überhaupt erst zum Kochen gebracht: Essen war nämlich schon immer eins meiner liebsten Hobbys. Es klingt vielleicht ein bisschen komisch, aber manchmal glaube ich, ich bin süchtig danach. Schon morgens überlege ich, was es abends geben könnte, und gleich nach dem Abendessen plane ich das nächste Frühstück. Deshalb finde ich, jeder sollte in der Lage sein zu kochen – und zwar gerne. Eigentlich glaube ich ja, das könnt ihr schon. Falls nicht: Vielleicht habt ihr es nur noch nicht gemerkt? Kochen können ist so ungefähr eine der nütz-lichsten Fähigkeiten, die es gibt: Mal angenommen, ihr seid wie ich 22 und werdet 82. Wenn ihr dreimal täglich esst, aber nicht kochen könnt, stehen euch bis zu eurem Tod noch 66.795 schlechte Mahlzeiten bevor. (Ja, ich weiß, ich war schon an der Uni ein ziemlicher Nerd.)

Bis letztes Jahr habe ich als Student in einer WG gewohnt. Mein Studium habe ich dann allerdings für die Fernsehshow *MasterChef* un-terbrochen. Acht Monate lang war ich dabei, und heute kann ich täglich das tun, was mir am meisten Spaß macht: Kochen.

Es war wohl irgendwie unvermeidbar, dass ich mal beruflich was mit Essen mache. Aufgewachsen bin ich nämlich im Barossa Valley in Südaustralien, und das ist ziemlich berühmt für gutes Essen und guten Wein. In meiner Familie beschäftigen sich beruflich alle irgendwie mit Lebensmitteln. Und damit wären wir bei den beiden Menschen, die mich beim Kochen am meisten geprägt haben: mein Dad und Daniel, der Freund meiner Schwester Kirsty.

Dad hat mir nicht nur die Basics beigebracht, sondern mir auch ge-zeigt, wie man in der Küche kreativ wird. 2006 ist er an Krebs gestorben, aber die schönsten Erinnerungen, die ich an ihn habe, hängen irgend-wie mit Essen zusammen. Einmal zum Beispiel brachte er eine Nudel-maschine an und machte viel zu viel Nudelteig. Mit dem Ergebnis, dass irgendwann im ganzen Haus Fettuccine zum Trocknen hingen: auf der Wäscheleine, über den Stuhllehnen – einfach überall.

Auch Daniel verdanke ich viel. Wir kennen uns seit Jahren, und er ist für mich wie ein großer Bruder. Im Laufe der Zeit hat er mir nicht nur eine Menge Grundtechniken in der Küche beigebracht, sondern mir auch ungefähr die Hälfte seiner Kochbuchsammlung geliehen. Außerdem hat er mir einen Job als Küchenjunge verschafft, und da habe ich gelernt, schneller Krabben zu pulen, als das menschliche Auge wahrnehmen kann.

Die meisten Leute kochen zuerst die Gerichte nach, mit denen sie aufgewachsen sind – das ging mir auch so. Kirsty ist seit vielen Jahren Vegetarierin, sodass fleischlose Küche bei uns immer eine große Rolle gespielt hat. Wenn man nur Gemüse auf den Teller bekommt, hat man keine Chance, ein mäkeliger Esser zu werden!

Die ersten Leute, die ich mit meiner Kochleidenschaft angesteckt habe, waren meine Mitbewohner Chloe und Josh. Bis Josh bei uns einzog, war er sein Leben lang von seiner Mutter bekocht worden. Und Chloes Mutter ist zwar eine großartige Köchin, macht aber alles andere lieber, als in der Küche zu stehen. Also war ich derjenige, der den beiden anderen in unserer WG-Küche was beigebracht hat – ob sie wollten oder nicht. Ich habe dabei festgestellt, dass ich meine Begeisterung fürs Kochen und Essen total gerne mit anderen teile. Und das hat schließlich den Anstoß für dieses Buch gegeben.

Aufgeschrieben habe ich Gerichte, mit denen ich aufgewachsen bin, und andere, die ich mir von Freunden und Kollegen abgeguckt habe. Aber eine ganze Menge Rezepte ist spontan aus der Vorratslage im Kühlschrank entstanden. In diesem Buch finden nicht nur Leute was, die gerade anfangen, den Kochlöffel zu schwingen, sondern auch die anderen, die schon weiter sind. Alle Rezepte habe ich so beschrieben, als würde ich sie jemandem erklären, der neben mir steht. So sind sie hoffentlich gut nachzuvollziehen.

Wenn ihr nur eine einzige Sache aus diesem Buch mitnehmt, dann die: Probiert, Leute! Und zwar nicht erst ganz zum Schluss, sondern laufend. Ich sehe immer wieder, wie manche mit dem Salzstreuer draufhalten, als gäbe es kein Morgen. Aber woher weiß man denn bitteschön, wie viel man zugeben muss, wenn man nicht probiert hat? Wenn ihr häufig abschmeckt, bekommt ihr ein Gefühl dafür, welche Rolle die einzelnen Zutaten im Gericht spielen. Und das ermöglicht euch, weniger an Rezepten zu kleben und eher nach eigenem Gusto zu kochen. Ein Rezept ist nur eine grobe Richtschnur – man muss sich nicht sklavisch daran halten. Im Gegenteil: Ich finde es sogar gut, wenn ihr meine Rezepte so verändert, dass euch das Ergebnis noch besser gefällt. Wenn ihr keine Oliven mögt, dann lasst sie halt weg! Ihr seid Chilifans? Dann nehmt zehn statt einer.

Ich will einfach, dass euch das Kochen Spaß macht – und dass es euch gut schmeckt. Ich hoffe, mit diesem Buch lernt ihr, gerne zu kochen.

CALLUM HANN

BAUKASTEN

In den letzten Jahren habe ich durch Trial und Error heraus-
gefunden, wie man beim Kochen mit minimalem Aufwand
das maximale Ergebnis rausholt. Hier kommen meine Tipps:
ein paar Küchenbasics, Know-how zu einzelnen Zutaten,
sinnige Vorratshaltung und etliche nützliche Tricks. So macht
Kochen Spaß und artet nicht in Arbeit aus!

BASIS KNOW-HOW

Ich schreibe euch mal ein bisschen was zu den wichtigsten Garmethoden und Küchentechniken auf. So könnt ihr hier nachschlagen, wenn ihr im Rezept über bestimmte Begriffe stolpert.

BRATEN

Das braucht man wohl am häufigsten: Man gart Fleisch, Fisch oder Gemüse in einer Bratpfanne mit Öl oder Butter bei hoher Temperatur. Wendet euer Bratgut am besten nicht zu oft, sonst schmort es eher im eigenen Saft, statt schön goldbraun zu werden.

ANSCHWITZEN

So ungefähr das Gegenteil von Braten. Es findet zwar auch in der Pfanne statt, aber bei geringerer Hitze. Außerdem rührt man dabei öfter um, damit nichts bräunt, sondern nur sanft gart. Auf diese Art und Weise schwitzt man beispielsweise Zwiebeln für ein Risotto an – schließlich will man nachher keine braunen Röstzwiebeln im weißen Reis finden!

RÜHRBRATEN

Dabei wird alles bei hoher Temperatur im Wok herumgewirbelt. So gart es fix und behält Farbe und Biss. Wenn's im Wok zu heiß wird, gebt ihr einfach ein bisschen Wasser oder Brühe dazu. Aber Achtung: Packt den Wok nicht zu voll, das senkt nämlich die Temperatur. Wenn nötig, müsst ihr portionsweise arbeiten.

AUSBACKEN

... oder Frittieren ist Garen in Fett bei ziemlich hohen Temperaturen: bei 140–160 °C, wenn das Lebensmittel gleichzeitig durchgegart werden muss, oder bei 180–190 °C, damit es knusprig wird. Empfindliches wie zarten Fisch, der nicht auseinanderfallen soll, backe ich in der Pfanne in einer fingerbreiten Ölschicht (ca. 1,5 Zentimeter) aus. Alles andere darf im Fett schwimmen. Eine Fritteuse braucht ihr dazu nicht: Ich fülle einfach meinen Wok oder einen Topf zu ungefähr einem Drittel mit Öl und frittiere auf dem Herd.

DÄMPFEN

Dabei wird im Wasserdampf gegart, indem man einen Dämpfeinsatz in einen Wok oder Kochtopf stellt und den Deckel auflegt. Ihr könnt entweder einen Metall-Dämpfeinsatz oder ein asiatisches Dämpfkörbchen aus Bambus nehmen. Egal was: Es darf jedenfalls das Wasser nicht berühren, sonst kocht euer Essen, statt zu dämpfen. Falls ihr euch für das Bambusteil entscheidet, legt es am besten mit etwas Backpapier aus oder stellt einen hitzebeständigen Teller hinein, damit euer Essen nachher nicht am Bambus festklebt (asiatische Nudeltaschen und Klöße sind dafür berüchtigt!).

KOCHEN

Dabei wird etwas in richtig blubbernd kochendem Wasser gegart – beispielsweise Nudeln. Wenn man Gemüse nur ganz kurz kocht und danach sofort kalt abschreckt, nennt man das Blanchieren.

KÖCHELN

Findet ähnlich wie Kochen in Wasser statt, das sich dabei aber nur leicht bewegt. Gut für alles, was nicht wie wild im Topf rumtanzen soll – Gnocchi zum Beispiel.

POCHIEREN

Klingt vornehm, heißt aber einfach nur ziehen lassen. Funktioniert auch wieder mit Wasser, aber diesmal bleibt es knapp unterhalb des Siedepunkts (das heißt, es bewegt sich kaum), sodass eure Zutaten ganz gleichmäßig und sanft garen. Ihr könnt außerdem Geschmack ans Essen kriegen, indem ihr Wein, Zucker oder Gewürze ins Wasser gebt (um beispielsweise Obst zu pochieren).

SCHMOREN

Dabei gart etwas (meistens Fleisch) gaaanz langsam in viel Flüssig-keit (Brühe, Wein oder Wasser) und wird dabei unglaublich zart und aromatisch. Funktioniert entweder im Topf auf dem Herd oder im Backofen – beides bei niedriger Hitze.

CONFIEREN

Auch hier wird wie beim Frittieren etwas in Fett versenkt, aber diesmal bei sehr niedriger Hitze und ziemlich lange, sodass es nicht knusprig, sondern im Gegenteil schön weich wird. Früher, bevor es Kühlschränke gab, hat man so vor allem Fleisch haltbar gemacht.

RÜHREN

Ist eigentlich klar, oder? Aber es gibt feine Unterschiede: Den Schnee-besen oder die Quirle des Handrührgeräts benutzt ihr, um Luft unter Sahne oder leichte Teige zu schlagen oder Zutaten so miteinander zu verquirlen, dass keine Klümpchen entstehen. Beim Kuchenbacken da-gegen ist öfter die Rede von „schaumig schlagen". Das heißt, dass ihr Zucker und weiche Butter entweder auch wieder mit dem Handrühr-gerät (und zwar mit den Quirlen) oder in einer Küchenmaschine so miteinander verrührt, dass die Mischung homogen und ein bisschen heller wird. Klappt aber nur, wenn ihr die Butter rechtzeitig aus dem Kühlschrank genommen habt, damit sie weich ist und sich ordentlich mit dem Zucker verbindet.

BACKEN

... ist alles, was in der trockenen Hitze des Backofens stattfindet. Die Garmethode kommt natürlich am häufigsten zum Einsatz, wenn es um Teig für Süßes oder Brot geht. Beim Backen läuft erst mal das Triebmittel (Hefe, Backpulver) zu Hochform auf, aber danach sorgen die hohen Temperaturen auch dafür, dass Kuchen & Co. fest und stabil werden. Außerdem nutzt man oft den Effekt, dass Zucker bei großer Hitze karamellisiert. Schiebt man Fleisch oder Gemüse in den Back-ofen, dann will man, dass beim Backen eine schöne Kruste und tolle Röstaromen entstehen.

DIE RICHTIGEN ZUTATEN

Als ich noch Student war, hatte ich weder haufenweise Geld zur Verfügung noch großartig Zeit, durch lauter Geschäfte zu rennen. Meine Einkaufstipps helfen euch, Zeit und Geld zu sparen und trotzdem richtig gute Lebensmittel zu bekommen.

CLEVER EINKAUFEN UND SPAREN

Wenn mir jemand erzählen will, dass gutes Essen auch immer viel kostet, muss ich mich wirklich zusammenreißen. Ja klar, man muss vielleicht ein paar mehr Gedanken investieren, aber wer mit Köpfchen kocht (und einkauft), spart am Ende sogar Zeit und Geld. Hier meine Tipps dafür.

SCHREIBT EINE EINKAUFSLISTE

Einfach in den Supermarkt spazieren und da auf gut Glück Sachen in den Wagen laden? Keine besonders gute Idee. Selbst wenn es sich erst mal aufwendig anhört: Plant eure Mahlzeiten für die Woche im Voraus. So könnt ihr mit größeren Mengen Geld sparen, weil ihr die Lebensmittel an mehreren Tagen hintereinander aufbraucht. Außerdem müsst ihr nicht jeden Abend auf dem Nachhauseweg noch durch irgendwelche Läden rasen.

Meistens unterteile ich die Liste in drei Bereiche für Obst/Gemüse, Kühlregal und trockene Vorräte/Sonstiges. Das hat den Vorteil, dass ihr die Einkäufe gezielt nacheinander abarbeiten könnt, statt planlos im Supermarkt rumzurennen.

Falls ihr mit anderen zusammen wohnt und kocht, ist es am besten, die Einkäufe auch gemeinsam zu erledigen. Das bringt mehr Spaß, und ihr könnt euch den Einkaufszettel aufteilen.

KAUFT EIN, WAS SAISON HAT

Die verschiedenen Gemüse- und Obstsorten werden (außer im Gewächshaus) jeweils zu ganz unterschiedlichen Jahreszeiten reif. Und ganz ehrlich, am besten schmecken sie nun mal, wenn sie Saison haben. Tomaten zum Beispiel: Früher gab es sie nur im Hochsommer, wenn sie draußen angebaut wurden. Heute liegen an 365 Tagen im

Jahr blassrote Kugeln im Supermarkt. Das heißt, dass sie entweder mit hohem technischem Aufwand in Gewächshäusern angebaut oder aber von weither importiert werden. In beiden Fällen hatten sie niemals Zeit, richtiges Tomatenaroma zu entwickeln. Deshalb sehen Wintertomaten zwar toll aus, schmecken aber nur nach Wasser. Saisonales Obst und Gemüse hat außerdem die wertvolleren Inhaltsstoffe – und ist preiswerter, da im Überfluss vorhanden. Falls ihr einen Wochenmarkt in der Nähe habt, schaut euch da mal um. Dort kriegt ihr am besten mit, was gerade Saison hat, denn die Bauern verkaufen normalerweise nur das, was gerade reichlich geerntet werden kann und daher preiswert und gut ist.

KAUFT AN DER THEKE

Wenn ihr im Supermarkt einkauft, stellt euch lieber an Käse-, Wurst- und Fleischtheke an, statt vorverpackte Sachen zu kaufen. Das ist meistens billiger und spart auch noch Verpackungsmüll. Denn ihr kriegt genau die Menge, die ihr braucht. Metzgereien, Gemüseläden oder Wochenmärkte sind ebenfalls super, weil ihr da bessere Lebensmittel oft auch noch zum kleineren Preis bekommt.

WEITERE SPAR-IDEEN

- Zutaten, die sich lange halten, nehmt ihr am besten gleich in der billigeren Großpackung.
- Wenn möglich, kauft genau die Mengen, die ihr für ein Rezept braucht. So bleibt ihr nicht auf einer einzelnen Kartoffel sitzen und wisst nicht, was ihr damit anfangen sollt.
- Falls mal was übrig bleibt, werdet kreativ und überlegt euch, was ihr mit den Resten anfangen könnt, statt sie einfach wegzuschmeißen. Aus fast allen Obstsorten lässt sich zum Beispiel Kompott kochen, und Suppen eignen sich immer, um Reste zu verwerten.
- Kocht ruhig größere Portionen. Ich mache oft Vier-Personen-Rezepte, auch wenn wir nur zu zweit davon essen. Aber so habe ich gleich das Abendessen für den nächsten Tag parat oder kann mir mittags was mitnehmen.
- Manche Tiefkühlprodukte sind echt gut. Erbsen zum Beispiel gibt's nicht nur für wenig Geld, sie schmecken auch genauso gut wie frische. TK-Beeren sind sogar billiger als die in den Schälchen, die in der kurzen Saison angeboten werden. Außerdem kann man sie rund ums Jahr genießen und beispielsweise in Smoothies oder Desserts werfen – da sind sie nämlich einfach großartig!

DAS RICHTIGE FLEISCH

FLEISCH EINKAUFEN

Ich empfehle euch wirklich, Fleisch nicht im Supermarkt, sondern beim Metzger zu kaufen, weil der meistens die bessere Qualität hat. Und da stehen Leute hinter der Theke, die echt Ahnung haben. Das heißt, ihr geht nicht nur mit genau dem richtigen Stück Fleisch nach Hause, sondern könnt auch sagen, wie viel ihr braucht, statt im Supermarkt die eingeschweißten Packungen nach der mit dem richtigen Gewicht zu durchwühlen. Die meisten Metzger helfen euch auch gerne weiter – ob ihr sie nun nach genauen Garzeiten fragt oder sie bittet, die Knochen auszulösen.

WORAUF IHR BEI FLEISCH ACHTEN SOLLTET

Damit Rind- oder Lammfleisch wirklich Geschmack entwickelt und zart wird, muss es abgehangen, also gereift sein. Hellrotes, wässriges Fleisch deutet darauf hin, dass es dazu nicht genügend Zeit bekommen hat. Es sollte dunkelrot und eher trocken aussehen – jedenfalls Lamm und Rind. Schweine- und Kalbfleisch sind von Natur aus heller. Von Fleisch, das im eigenen Saft liegt oder unangenehm riecht, lasst ihr aber in jedem Fall besser die Finger! Wenn das Fleisch von dünnen Fettäderchen durchzogen ist, nennt man das „marmoriert". Beim Garen schmilzt dieses Fett und macht das Fleisch schön saftig und zart. Gut marmoriertes Fleisch ist ein Traum, aber leider nicht gerade billig (besonders extrem: Steaks vom Wagyu- bzw. Kobe-Rind).

MEHR ALS NUR FILET

Man kann Fleisch grob in zwei Kategorien unterteilen: Edelteile wie Steak und Filet und den ganzen Rest. „Rest" bedeutet hier aber alles andere als zweite Wahl! Ja, man muss die meisten Stücke länger garen als ein Steak, damit sie zart werden, aber dafür bieten sie auch jede Menge Geschmack und Charakter. Und meistens kriegt man sie auch noch für'n Appel und 'n Ei.

WORAUF IHR BEI HÜHNERFLEISCH ACHTEN SOLLTET

Wenn ihr Hähnchen kauft, dann guckt, dass die Haut unverletzt ist. An der Hautfarbe lässt sich meist ablesen, wie das Huhn gefüttert wurde (Maispoularden sind beispielsweise ziemlich gelb). Ich persönlich bin ja der Meinung, dass es sich echt lohnt, ein bisschen mehr für Hähnchen aus Bio- oder Freilandhaltung hinzulegen. Zum einen, weil sie einfach besser schmecken. Zum anderen finde ich aber auch: Wenn wir schon Tiere essen, können wir wenigstens dafür sorgen, dass sie ein anständiges Leben hatten. So viel Respekt sollte sein. Apropos Respekt: Dazu gehört auch, dass man versucht, ein Tier so vollständig wie möglich zu verwerten (und da spreche ich nicht nur von Hühnern!). Das bringt sowohl dem guten Gewissen was als auch dem Geldbeutel. Wenn ihr nämlich hingeht und zwei Hähnchenbrüste kauft, bezahlt ihr fast so viel wie für ein ganzes Hähnchen – und da kriegt ihr außerdem auch noch zwei Schenkel, zwei Flügel und sogar die Karkasse (also das Skelett), aus der ihr Brühe oder Suppe kochen könnt. Als ich in Studentenzeiten knapp bei Kasse war, habe ich mir oft montags ein Hähnchen gekauft und davon fast den ganzen Rest der Woche gegessen.

DER RICHTIGE FISCH

FISCH UND MEERESFRÜCHTE EINKAUFEN

Nur frischer Fisch ist guter Fisch. Und wenn der Fisch im Supermarkt oder beim Fischhändler nicht einfach achtlos in die Theke geworfen wurde, ist das schon mal ein gutes Zeichen.

WORAUF IHR BEI FISCH ACHTEN SOLLTET

- Der Fisch sollte feucht, aber nicht schmierig aussehen.
- Fischfilet darf nicht auseinanderfallen.
- Bei ganzen Fischen sollten die Augen prall sein und glänzen. Ältere Exemplare haben eingesunkene Augen.
- Wenn Garnelen & Co. ungeschält verkauft werden, sollten sie noch sämtliche Beine haben.
- Und zuletzt: Schnuppert mal! Riecht der Fisch angenehm frisch nach Meer, ist alles gut. Ein durchdringend fischiger Geruch entsteht, wenn der Fisch schon eine Weile im Laden liegt.

WELCHER FISCH IST DER RICHTIGE?

Das Fischangebot hängt davon ab, was den Fischern so in die Netze geht. Es kann also sein, dass nicht jede Art ständig verfügbar ist. Zum Glück lässt sich ein Fisch in den meisten Rezepten problemlos durch einen anderen ersetzen. Weißfleischige Fische lassen sich durch andere ähnlicher Größe austauschen, und Lachs funktioniert genauso gut wie Lachsforelle (und umgekehrt). Falls also euer Rezept nicht kategorisch nach einem bestimmten Fisch verlangt, sucht einfach den aus, der am besten aussieht und riecht.

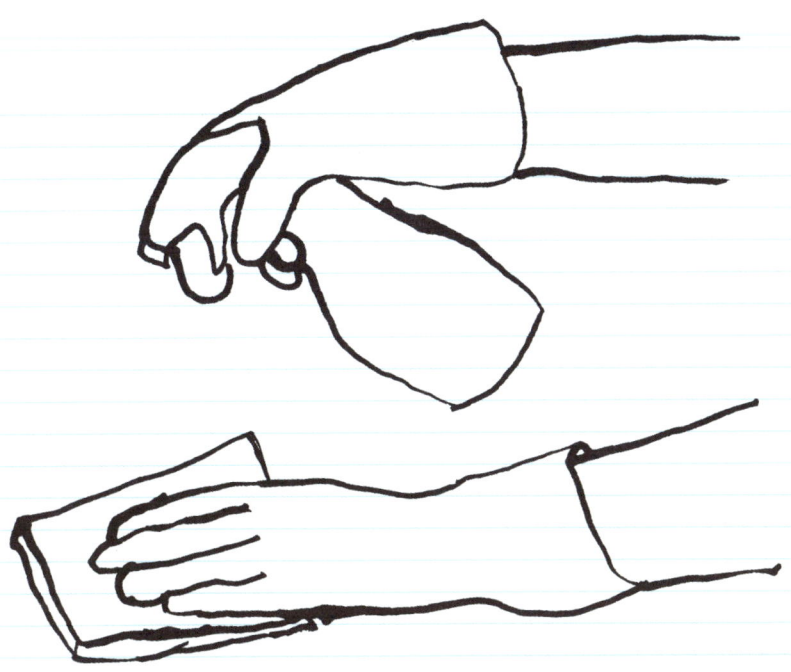

HYGIENE IN DER KÜCHE

Eine Lebensmittelvergiftung ist wirklich alles andere als lustig. Aber wenn man begreift, wo Bakterien einen richtig guten Nährboden finden, kann man eine Menge tun, um genau das zu vermeiden. Was, das steht hier.

TEMPERATUREN

Die meisten Keime überleben Temperaturen über 65 °C nicht, und wenn es kälter als 5 °C ist, wird ihre Vermehrung deutlich gebremst. Das heißt, am wohlsten fühlen sie sich zwischen 5 und 65 °C. Das ist die Gefahrenzone (dramatische Musik, bitte!). Was einfach bedeutet, dass ihr versuchen solltet, die Zeit, die eure Lebensmittel in diesem Bereich verbringen, möglichst kurz zu halten (siehe auch Seite 10–12, wo es um die richtige Lagerung geht).

LEBENSMITTEL

Auf manchen Lebensmitteln vermehren sich Bakterien besonders gut: zum Beispiel auf rohem Fleisch, rohem Fisch, Milchprodukten und gegarten Sachen wie Reis, Nudeln oder Suppen. Versucht also, Reste so schnell wie möglich runterzukühlen, falls ihr sie aufheben wollt. Wenn ihr Lebensmittel aus dem Kühlregal einkauft, dann achtet darauf, sie so schnell wie möglich nach Hause in den Kühlschrank zu bringen – oder kauft euch eine Kühltasche.

SO HALTET IHR DIE KEIME IN SCHACH

- Benutzt nicht dieselbe Zange, die ihr beim Kochen zum Wenden der Hähnchenbrust verwendet habt, auch zum Servieren! Daran hängen immer noch die Bakterien vom rohen Hähnchenfleisch. Nehmt zum Servieren immer sauberes Besteck.
- Bevor ihr ein Schneidebrett, auf dem rohes Fleisch, Geflügel oder roher Fisch gelegen haben, weiterbenutzt, wascht es gründlich ab. Sonst riskiert ihr, Keime auf andere Lebensmittel zu übertragen. Am besten wäre es natürlich, ein Brett nur für Fleisch, eins für Fisch und eins für Gemüse zu benutzen.
- Wechselt die Küchentücher regelmäßig. Ihr könnt sie sogar gelegentlich in die Mikrowelle werfen – das tötet alle Bakterien.
- Wischt die Arbeitsflächen immer mal wieder mit antibakteriellem Putzmittel ab – am besten gleich nach dem Kochen. So kann sich erst gar kein Ekelkram darauf festsetzen.
- Wascht euch nicht nur vor dem Kochen die Hände, sondern auch jedes Mal, wenn ihr rohes Fleisch, Geflügel oder rohen Fisch angefasst habt – und natürlich, nachdem ihr geniest habt oder auf der Toilette wart.
- Wärmt Gerichte nicht häufiger als einmal auf.

LEBENSMITTEL RICHTIG LAGERN

IM KÜHLSCHRANK

- Legt rohes Fleisch in eine verschließbare Plastikdose oder mit Frischhaltefolie abgedeckt auf einen Teller, damit kein Fleischsaft auf andere Lebensmittel tropfen kann. Der beste Ort dafür ist die Glasplatte direkt über dem Gemüsefach. Lebensmittel, die ungegart gegessen werden (Käse zum Beispiel), kommen darüber.

- Die meisten Gemüsesorten halten sich im Gemüsefach des Kühlschranks am besten. Die Ausnahme sind Zwiebeln, Kartoffeln und Knoblauch: Die lagert ihr am besten in einem nicht zu warmen Schrank (also nicht gleich neben dem Herd).
- Eier bewahrt ihr am besten im Kühlschrank auf und nehmt sie erst heraus, wenn ihr sie braucht.
- Ihr erinnert euch: Die Gefahrenzone liegt zwischen 5 und 65 °C. In diesem Bereich vermehren sich Keime am schnellsten. Deshalb solltet ihr bei Lebensmitteln wie Hähnchen darauf achten, dass sie entweder richtig heiß oder kühlschrankkalt (wenn nicht sogar tiefgefroren) sind. Reste lasst ihr in möglichst flachen Plastikbehältern schnell abkühlen und stellt sie dann sofort in den Kühlschrank. Deckt sie aber erst ab, kurz bevor sie in den Kühlschrank wandern – eine geschlossene Box mit warmen Resten wirkt wie ein Treibhaus für Bakterien. Falls ihr die Reste unbedingt noch warm zudecken wollt, dann legt Frischhaltefolie direkt auf die Speisen. Und stellt Heißes nicht sofort in den Kühlschrank, weil es dort die Innentemperatur erhöht.
- Reste könnt ihr im Normalfall etwa ein bis zwei Tage im Kühlschrank aufbewahren – im Tiefkühlfach natürlich noch viel länger.

IM GEFRIERFACH
- Die meisten Lebensmittel lassen sich gut einfrieren – mit ein paar Ausnahmen. Die folgenden Sachen leiden beim Auftauen:
  - grünes Gemüse wie Salat, Kohl, Staudensellerie oder Gurke,
  - gekochter Reis und gekochte Nudeln,
  - Milchprodukte wie Milch oder Pudding (Ausnahme: geriebener Käse),
  - Mayonnaise,
  - Gebratenes.
- Gewöhnt euch an, gefrorene Lebensmittel langsam im Kühlschrank aufzutauen. In der Mikrowelle geht's zwar schneller, aber auch weniger gleichmäßig – manche Stellen werden dann schon halb gekocht, während andere noch gefroren sind.
- Flüssigkeiten dehnen sich beim Einfrieren aus. Füllt also Behältnisse nicht bis zum Rand.
- Friert Aufgetautes nicht wieder ein.
- Um Gemüse einzufrieren, blanchiert ihr es am besten zuerst: Werft es kurz in kochendes Wasser und schreckt es dann kalt ab. So behält es Farbe, Biss und Aroma.

- Achtet darauf, Lebensmittel nur in gut verschlossenen Behältnissen oder Beuteln einzufrieren. Drückt aus Beuteln so viel Luft wie möglich heraus, sonst droht Gefrierbrand.
- Aus Boxen mit geraden Wänden kriegt ihr das Eingefrorene nachher leichter wieder raus.
- Beschriftet eure eingefrorenen Lebensmittel: Schreibt drauf, was drin ist und wann ihr es eingefroren habt. Klar: Am Anfang weiß man noch genau, dass in dieser oder jener Dose Hühnerbrühe ist. Aber sobald sie zu einem gelben Block gefroren ist, ist es schwierig, das drei Monate später noch zu erkennen, und dann seid ihr dankbar, wenn's draufsteht – glaubt mir!

IM VORRATSSCHRANK

Bewahrt Lebensmittel immer in luftdicht verschlossenen Behältnissen auf oder wickelt zumindest ein Gummiband um geöffnete Packungen, damit Käfer und Mehlmotten keine Chance haben – Krabbeltierchen im Mehl sind eine eher unangenehme Überraschung. Und denkt auch hier ans Beschriften! Es ist ziemlich tricky, im Nachhinein verschiedene Mehlsorten in identischen Tüten unterscheiden zu wollen – da kann ein Rezept auch schon mal schiefgehen.

MEIN VORRAT FÜR ALLE FÄLLE

Vorräte sind großartig – und nicht zu verwechseln mit halb aufgebrauchten und vergessenen Lebensmitteln. Anfangs müsst ihr zwar mal einen Großeinkauf einplanen, aber wenn euer Vorratsschrank erst gut gefüllt ist, könnt ihr dafür auch spontan die tollsten Mahlzeiten kochen. Aber denkt dran: Das Mindesthaltbarkeitsdatum gilt für ungeöffnete Packungen. Sobald ihr etwas angebrochen habt, müsst ihr es schneller verbrauchen. Welche Lebensmittel ihr immer dahabt, hängt von euren persönlichen Vorlieben ab. Hier ist meine Lieblings-Vorratsliste.

IM VORRATSSCHRANK

BIS ZU 6 MONATE HALTBAR

- Semmelbrösel
- Gewürze: Kreuzkümmel (Cumin), Koriander, Zimt, Paprika, Kurkuma, schwarzen Pfeffer und Vanilleschoten habe ich immer im Haus. Gewürzmischungen wie indisches Garam Masala oder chinesisches Fünf-Gewürze-Pulver sind ebenfalls sehr praktisch. Gewürze verlieren nach einem halben Jahr an Aroma.

BIS ZU 9 MONATE HALTBAR

- Weizenmehl und Speisestärke – nicht nur beim Backen im Einsatz, sondern auch, um beispielsweise Saucen anzudicken.

BIS ZU 12 MONATE HALTBAR

- Getrocknete Pasta – habt am besten immer ein paar verschiedene Sorten vorrätig.
- Reis: außer Risottoreis (z. B. Arborio) auch Jasmin- oder Basmatireis für asiatische Gerichte
- Couscous und Polenta
- Essig: ein Weißwein- und ein Balsamicoessig
- Olivenöl und ein neutrales Pflanzenöl

UNTERSCHIEDLICH LANG HALTBAR (SCHAUT AUFS ETIKETT!)

- Nüsse: Ich liebe Hasel-, Erd- und Walnüsse – sie geben Salaten Crunch und sind super für Desserts.
- Linsen, Kichererbsen und weiße Bohnen in der Dose. Die Kichererbsen brauche ich für Hummus (hmm!), und außerdem kann man Hülsenfrüchte prima zum Schluss in Suppen und Currys werfen.
- Stückige Tomaten in der Dose
- Thunfisch in der Dose – und zwar eingelegt in Olivenöl
- Kokosmilch
- Asiatische Saucen: Soja-, Fisch-, Austern- und Hoisinsauce (schaut aufs Etikett – manche von ihnen müssen in den Kühlschrank).
- Schokolade (auch als Notdessert, wenn keiner Lust hat, in der Küche zu stehen)

BIS ZUM SANKT-NIMMERLEINS-TAG HALTBAR

- Meersalz
- Zucker. Feinster Zucker hat winzige Kristalle, die sich bestens auflösen – gut für Karamell und Baiser.
- Puderzucker: für süße Teige und üppige Buttercreme

IM TIEFKÜHLFACH

- Vanilleeis macht sich gut zu allen möglichen Desserts – oder wird selbst zum Nachtisch.
- Beeren: gefroren rund ums Jahr verfügbar und sogar billiger als die frischen während der Saison.
- Erbsen
- Blätterteig

IM KÜHLSCHRANK

- Butter
- Milch
- Saft
- Käse – normalerweise ein würziger schnittfester und Parmesan
- Eier
- Senf – super für Salatdressings, Marinaden und Sandwiches

ZUCHT UND ORDNUNG IN DEN SCHRÄNKEN

Ihr könnt eine Menge Zeit sparen, wenn ihr eure Lebensmittel direkt
nach dem Einkaufen einigermaßen logisch einräumt. Bei mir stehen
zum Beispiel Gewürze, Öle, Essige, Saucen und Dosentomaten nebeneinander auf Augenhöhe, weil ich sie täglich benutze. In einem
anderen Regalfach bewahre ich Mehl, Zucker, Nudeln, Reis, Nüsse
und andere trockene Sachen auf, und in einem Eckchen stehen alle
Frühstückssachen zusammen, also Marmelade, Honig, Erdnusscreme
und Haferflocken. Ganz unten lagere ich Vorräte, die ich nicht ständig
brauche, und außerdem Zwiebeln und Kartoffeln (weil die es gerne
trocken, dunkel und einigermaßen kühl haben). Wein und andere
Alkoholika stehen bei mir ganz oben – das war schon bei uns zu
Hause so, damit ich als Kind nicht drankonnte. Das heißt jetzt nicht,
dass eure Ordnung genauso aussehen muss wie meine. Aber es macht
einiges leichter, wenn ihr beim Kochen genau wisst, wo ihr welche
Zutaten findet.

KÜCHENAUSSTATTUNG

Diese Geräte und Helferlein sollte es in jeder Küche geben.

WICHTIGE WERKZEUGE

MESSER

Meiner Meinung nach sind gute Messer so ziemlich das Allerwichtigste. Dabei müsst ihr keinen Komplettsatz kaufen: Die sind nämlich oft teuer, dafür, dass man ein großes Messer, ein Brotmesser, ein kleines Messer und noch ein paar unnötige Spezialmesser bekommt. Als ich mir die ersten Schneidwerkzeuge gekauft habe, waren das ein Kochmesser von 30 Zentimetern Länge und ein kleines Gemüse- oder Officemesser. Die beiden benutze ich heute noch, auch wenn inzwischen noch ein paar dazugekommen sind, zum Beispiel ein Hack- und ein Ausbeinmesser. Ich finde, es ist sinnvoll angelegtes Geld, in ein hochwertiges Kochmesser zu investieren. Es soll gut in der Hand liegen und weder zu leicht noch zu schwer sein (das ist natürlich subjektiv). Außerdem muss die Klinge deutlich breiter sein als der Griff, damit ihr beim Schneiden nicht ständig mit den Knöcheln auf das Schneidebrett donnert. Ein Officemesser braucht ihr, um Gemüse und Obst zu schälen und zu schneiden. Ein Messer mit Wellenschliff ist zwar praktisch, aber da reicht ein preiswertes.
Eine der wichtigsten Aufgaben in der Küche ist das Messerschärfen

(auch wenn das die meisten Leute nicht tun). Euer Messer kann noch so toll sein – wenn ihr es nicht regelmäßig schärft, wird es stumpf. Und das erschwert euch nicht nur die Arbeit unnötig, sondern macht die Sache auch noch gefährlich. Ein Wetzstahl erfordert ein bisschen Übung; dafür machen manche Patent-Messerschärfer die Klingen kaputt. Lasst euch im Messergeschäft beraten!

HOLZLÖFFEL (ODER GLEICH DREI DAVON)
Ein echtes Must-have. Wenn ihr nämlich Plastik- oder Metalllöffel im Topf liegen lasst, während ihr schnell mal ans Telefon geht, gibt's entweder geschmolzene Löffel oder verbrannte Finger. Das kann beim Holzlöffel nicht passieren – und der verkratzt euch auch die beschichteten Pfannen nicht.

MESSBECHER UND WAAGE
Falls ihr nicht gerade ein superduper Augenmaß besitzt, solltet ihr euch vor allem beim Backen und bei Desserts genau an die Rezeptangaben halten. Oder wollt ihr gummiballartige Panna cotta und eingesunkene Kuchen riskieren? Beim normalen Kochen habt ihr ein bisschen mehr Freiheit. Aber bis ihr genau wisst, wie ihr Rezepte nach eurem persönlichen Geschmack variieren könnt, tun Messbecher und Waage gute Dienste.

DURCHSCHLAG UND SIEB
Um Nudeln oder gekochtes Gemüse abzugießen, braucht ihr ein großes Standsieb (Durchschlag). Ein feines Drahtsieb hilft dabei, Mehl, Saucen und feine Pürees klumpenfrei durchzusieben.

REIBE
Am praktischsten sind Vierkantreiben, auf denen man große Mengen Käse oder Gemüse raspeln kann. Eine feine Reibe braucht ihr für Ingwer, Käse und vor allem, um die Schalen von Zitrusfrüchten abzureiben. Die von Microplane sind zwar teurer, aber auch viel besser als die üblichen stumpfen Dinger.

DIES UND DAS
Eine Küchenzange zum Wenden ist unentbehrlich, genau wie Schneebesen, Sparschäler, Kartoffelstampfer, ein großer Servierlöffel, Schaumkelle, Suppenkelle und normales Besteck zum Abschmecken. Das Wichtigste: Habt beim Kochen immer einen Löffel in Reichweite!

KOCHGESCHIRR

GROSSER, SCHWERER TOPF

Seht euch nach einem Topf mit einem dicken Metallboden um (möglichst einem Sandwichboden). Der garantiert nämlich, dass alles schön gleichmäßig heiß wird, und speichert außerdem die Hitze. (In einem Topf mit dünnem Boden brennt euer Essen viel leichter an.) Wenn ihr so einen habt, werdet ihr ihn von Suppe bis Braten für alles Mögliche benutzen. Achtet darauf, dass er backofenfest ist (auch die Griffe).

BESCHICHTETE BRATPFANNE

Die sind ein Traum zum Braten – wenn man sie ein bisschen pfleglich behandelt. Ich empfehle euch zum Beispiel, eine Zange mit Silikonenden zu benutzen, denn Metall zerkratzt die Beschichtung. Wenn ihr eine Pfanne mit Metallgriff auswählt, könnt ihr sie problemlos in den Ofen stellen.

SONSTIGE TÖPFE

Euer Einer-für-alles-Topf und die beschichtete Pfanne sollten schon was Ordentliches sein. Dafür könnt ihr bei den restlichen Töpfen sparen – auch wenn schwerer immer besser ist. Mit einem großen und zwei kleinen Töpfen kommt ihr schon ziemlich weit, um Gemüse zu kochen oder zu dämpfen, Reis und Nudeln zu kochen oder Flüssigkeiten zu erhitzen.

WOK

Ein Wok ist extrem praktisch, um schnell was zu essen auf den Tisch zu bringen. Und man kann darin keineswegs nur rührbraten – zum Dämpfen und Frittieren ist er mindestens genauso gut! Für einen Elektroherd braucht ihr einen mit flachem Boden. Rundbodenwoks könnt ihr nur auf Gasherden einsetzen, und auch da nur mit speziellem Aufsatz.

BRÄTER

Schaut euch nach einem Bräter mit einem ordentlich dicken Boden um, den ihr auch auf der Herdplatte benutzen könnt – das heißt einen aus Metall, nicht aus Keramik oder Glas. So könnt ihr Sachen erst auf dem Herd anbraten und dann in den Ofen schieben. Und später nehmt ihr den fertigen Braten einfach heraus und kocht die Sauce direkt im Bräter.

SONSTIGE HELFER

SCHNEIDEBRETTER

Die gibt es aus ganz verschiedenen Materialien: Holz, Kunststoff und
sogar Glas. Aber wenn ihr eins aus Glas kauft, verfolge ich euch bis
in eure Träume, das schwöre ich! Sie machen nicht nur das Messer
stumpf, man rutscht darauf auch noch leicht ab – ganz schön gefährlich also. Kauft euch am besten ein schön großes, schweres Brett,
das nicht ständig hin und her rutscht, wenn ihr darauf schneidet.
Große verziehen sich außerdem nicht so leicht wie kleine. Bretter aus
Holz solltet ihr nicht im Wasser liegen lassen, sonst kriegen sie Risse.
Reibt sie von Zeit zu Zeit mit Öl ein, dann halten sie ewig. Für Fleisch
und Fisch habe ich jeweils ein separates Schneidebrett. Das ist hygie-
nischer.

KÜCHENMASCHINE

So ein Gerät ist super, um darin zum Beispiel Currypasten zu machen,
Zutaten grob zu zerkleinern und Teige zu kneten.

MIXER

Ziemlich praktisch, um beispielsweise Smoothies oder Suppen zu
pürieren.

SCHÜSSELN

Es gibt Sets von unterschiedlich großen Schüsseln, die ineinander-
passen wie Matrjoschka-Puppen und sich dadurch platzsparend
verstauen lassen. Ich arbeite am liebsten mit Metallschüsseln, weil
die leicht und robust sind. Ihr müsst nur daran denken, sie mit Ofenhandschuhen anzufassen, wenn ihr gerade heiße Flüssigkeiten rein-
gegossen habt – Metall ist ein verdammt guter Wärmeleiter, und der
Schüsselrand kann schon mal brühheiß werden. Glasschüsseln sind
zwar auch toll zum Kochen, aber schwerer. Von Kunststoff würde ich
die Finger lassen – es ist ein Albtraum, solche Schüsseln sauber zu machen, und manchmal bleibt der Geschmack von Lebensmitteln daran
hängen und überträgt sich auf andere Sachen.

FÜR FANS VON SÜSSEM

KUCHENFORMEN

Am praktischsten sind beschichtete Formen, aus denen der Kuchen auch mit Sicherheit im Ganzen wieder rauskommt. Allerdings würde ich auch die einfetten oder mit Backpapier auslegen – sicher ist sicher.

SPRITZBEUTEL MIT VERSCHIEDENEN TÜLLEN

Damit könnt ihr Sahne auf Kuchen spritzen, kleine Plätzchen oder Macarons formen, Gebäck füllen, Baisers und Windbeutel in jeder beliebigen Form herstellen und Mousse mal ganz elegant servieren. Ich persönlich hasse es, die Dinger abzuwaschen, und nehme daher Einmal-Spritzbeutel. Solange ihr Tüllen habt, könnt ihr sogar Gefrierbeutel benutzen, von denen ihr ein Eckchen abgeschnitten habt. In Sachen Tüllen kommt ihr ziemlich weit, wenn ihr ein paar mit Öffnungen zwischen 2 und 15 Millimetern besitzt.

SONSTIGES

Ein Gummispatel von guter Qualität lohnt sich auf jeden Fall. Und wenn ihr so gerne Desserts macht wie ich, könnte ich mir vorstellen, dass ihr auch ein Zucker- und ein Ofenthermometer gut gebrauchen könnt.

SICHERHEIT IN DER KÜCHE

Keine Angst, ich will hier keine Sicherheitsbelehrung abhalten. Allerdings ist die Küche zwar ein Ort, an dem ihr Spaß haben könnt, aber es gibt dort eben auch ein paar scharfe oder heiße Gefahrenquellen. Ein bisschen Vorsicht schadet also nicht!

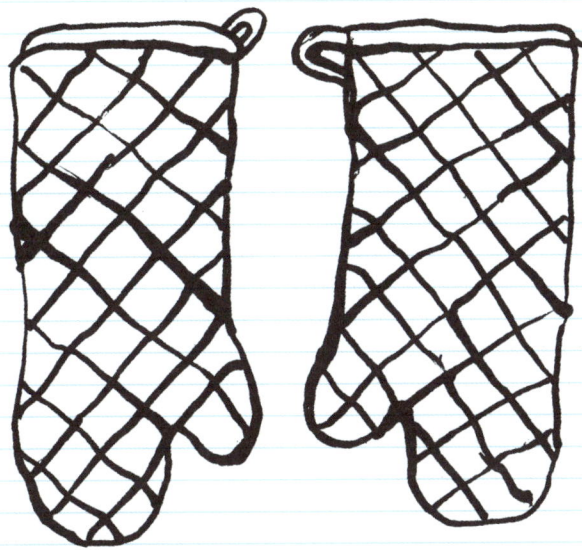

KINDER MÜSSEN DRAUSSEN BLEIBEN

Die Küche ist eine Gefahrenzone. Seht also zu, dass kleine Kinder nicht gerade um euch herumwuseln, wenn ihr kocht. Das Gleiche gilt für Haustiere – allein die Vorstellung, mit einem Topf kochendem Wasser in der Hand über den Hund zu stolpern ... Zumindest solltet ihr darauf achten, dass Messer & Co. niemals am Rand der Arbeitsfläche liegen und dass Topf- und Pfannengriffe nicht über die Herdkante hinausragen, sondern nach hinten gedreht sind.

VERBRENNUNGEN

Finger verbrannt? Dann haltet die verletzte Stelle einfach 20 Minuten lang unter fließendes kaltes Wasser – sonst nichts. Versucht gar nicht erst, Verbrennungen mit Eis, irgendwelchen Gels oder gar Zahnpasta kurieren zu wollen! Wenn ihr Zucker schmelzt oder karamellisiert, dann stellt prophylaktisch schon mal eine Schüssel mit kaltem Wasser in Reichweite. Falls euch heißer Zucker auf die Haut spritzt, knibbelt ihn nicht ab, sonst löst sich die Haut gleich mit. Stattdessen ab ins kalte Wasser mit der betroffenen Stelle!

KOMMUNIKATION

Wenn ihr gerne mit Freunden kocht, könnt ihr euch was von professionellen Köchen abgucken: Wann immer einer hinter dem Rücken eines anderen vorbeigeht, sagt er so was wie „Hinter dir!" oder „Achtung!". Ist auch besser so – stellt euch bloß mal vor, es dreht sich mal unvermittelt jemand mit Messer in der Hand um ...

KLEIDUNG

Von mir aus kann's in der Küche ruhig lässig zugehen, aber Schuhe müssen schon sein. Ich kannte mal einen, der beim Barfuß-Kochen sein Messer runtergeschmissen und sich damit eine Sehne im Fuß durchgeschnitten hat. Der durfte eine ganze Weile auf Krücken durch die Gegend humpeln! Wenn ihr lange Haare habt, bindet ihr sie am besten zu einem Pferdeschwanz. Und zumindest beim Frittieren solltet ihr über eine Schürze nachdenken.

DAS GESCHIRRTUCH, EUER FREUND UND HELFER

Eigentlich logisch, ich sag's aber trotzdem: Fasst alles, was heiß sein könnte, mit Geschirrtüchern oder Ofenhandschuhen an (Achtung: Wenn sie nass sind, leiten sie die Hitze ziemlich schnell!). Wenn ich in der Küche rumwusel, habe ich immer ein Tuch am Gürtel oder über der Schulter, damit ich gar nicht erst lange nach einem suchen muss.

BERGE VON ABWASCH VERMEIDEN

Sobald ich anfange zu kochen, lasse ich heißes Wasser ins Spülbecken. Und wenn ich dann mal eine Minute Leerlauf habe (weil ich z. B. darauf warte, dass das Wasser kocht), wasche ich schon mal was ab. So türmt sich das Geschirr gar nicht erst. Und wenn es doch mal Abwaschberge gibt, stöpsel ich mir den iPod in die Ohren. So geht's dann gleich viel schneller.

WIE MAN EIN MESSER RICHTIG BENUTZT
{UND DAMIT ANDERE BEEINDRUCKT}

Lesen und Üben ist hier die Devise – dann hantiert ihr
in null Komma nichts profimäßig mit der Klinge.

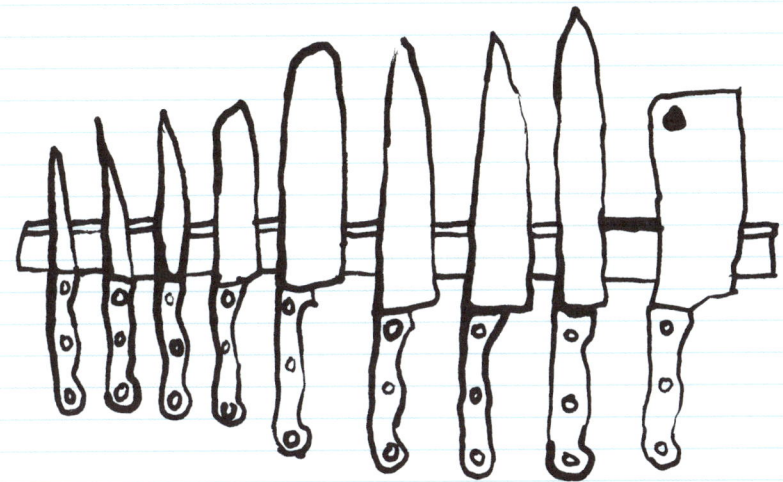

ANTI-RUTSCH-MASSNAHMEN FÜRS BRETT

Wenn Leute sich schneiden, hat das normalerweise mindestens einen
von zwei Gründen: Entweder rutscht das Messer weg oder das Brett.
Wenn es also gelingt, zumindest Letzteres zu vermeiden, hat man
schon 50 Prozent der Verletzungsursachen ausgeschaltet. Am besten
arbeitet ihr mit einem dicken, schweren Brett, das nicht verzogen
ist und schön flach aufliegt (siehe S. 19). Damit es auf der glatten
Arbeitsfläche nicht hin und her rutscht, könnt ihr einen feuchten
Lappen oder ein paar Lagen Küchenpapier unterlegen. Das erhöht die
Reibung, sodass das Brett ruhiger liegen bleibt. Das kostet euch kaum
zehn Sekunden, bringt aber richtig was. So macht das Schneiden auch
deutlich mehr Spaß.

DAS BRETT SAUBER HALTEN

Neben meinem Schneidebrett steht eigentlich immer eine Schüssel. Darin sammle ich Zwiebelschalen, Kürbiskerne & Co., bevor sie in den Müll wandern. Das hat den Vorteil, dass ich meine Zwiebel nicht auf dem winzigen Eckchen des Bretts schneiden muss, auf dem gerade keine Abfälle liegen. Außerdem habe ich immer einen Lappen griffbereit, mit dem ich mal schnell über die Arbeitsfläche wischen kann. So spare ich Zeit, weil ich zum Schluss nicht stundenlang putzen und aufräumen muss.

SCHNEIDEN, NICHT HACKEN

Eine Messerklinge arbeitet am effektivsten, wenn sie durch das Schnittgut gleiten kann, statt darauf rumzuhacken. Gewöhnt euch am besten an, mit einer wiegenden Bewegung zu schneiden: Die Messerspitze berührt dabei das Brett, und ihr führt die Klinge nach unten und nach vorn, bis der hinterste Teil der Klinge auf dem Brett aufliegt. Dann hebt ihr das Messer mit einer wiegenden Bewegung wieder an, aber so, dass die Spitze die ganze Zeit das Brett berührt. Auf diese Weise nutzt ihr die gesamte Länge der Klinge aus. Außerdem vermeidet ihr, euch zu schneiden, weil ihr nicht mit dem Messer in der Luft rumfuchtelt. Die gesamte Schnippelei sollte dabei fast unhörbar vor sich gehen, statt laute Hackgeräusche zu verursachen.

KRABBENGRIFF UND KRALLENGRIFF

Rechtshänder: Ihr solltet euch zwei Fingerhaltungen für die linke Hand angewöhnen (Linkshänder natürlich umgekehrt). Die erste, der Krabbengriff, hat was von einer Krebsschere. Ihr benutzt ihn für Schnittgut, das nicht flach auf dem Brett liegt – eine Zwiebel zum Beispiel. Ihr haltet sie zwischen vier Fingern auf der einen und dem Daumen auf der anderen Seite und führt jetzt das Messer vorsichtig zwischen Daumen und Fingern durch.

Den Krallengriff braucht ihr beispielsweise, um Kräuter zu schneiden und Gemüse zu würfeln. Macht mal Krallen wie eine Katze – ja, genau so! So haltet ihr das Schnittgut fest. Dabei sind die ersten zwei Fingerglieder unter die übrigen gekrümmt. Jetzt haltet ihr die Messerklinge so, dass sie die Fingerknöchel berührt. Das fühlt sich vielleicht erst komisch an, aber so könnt ihr die Klinge gut führen, sie rutscht nicht ab, und die Fingerspitzen sind auch nicht in Gefahr. Dieser Griff ist viel sicherer, als wenn ihr das Schnittgut mit flachen Fingern haltet, denn dabei rutscht das Messer gern mal ab. Aua!

AUGEN AUF!

Stellt euch beim Schneiden so hin, dass ihr senkrecht nach unten direkt auf die Oberkante des Messers schauen könnt. Dann seht ihr nämlich genau, wo die Klinge im Verhältnis zu euren Fingern ist, und könnt schön gerade schneiden. Wenn ihr von rechts oder links oben guckt, macht ihr mit großer Wahrscheinlichkeit auch schräge Schnitte.

MESSER SCHÄRFEN

Scharfe Messer sind einfach sicherer. Man muss nämlich keine brutale Kraft aufwenden, um die Klinge durchs Schnittgut zu drücken, sondern lässt sie einfach hindurchgleiten. Allerdings ist der Umgang mit dem Wetzstahl nicht ganz einfach, aber es gibt alle möglichen Messerschärfer – lasst euch am besten im Fachgeschäft beraten, welche einfach zu handhaben sind und die Klinge nicht kaputt machen. Und dann schärft ihr regelmäßig nach, wenn ihr das Messer in die Hand nehmt, damit es gar nicht erst stumpf werden kann.

MESSER SAUBER HALTEN

Last, but not least: Gewöhnt euch an, das Messer direkt nach Gebrauch zu spülen, abzutrocknen und sofort wegzuräumen. Ich habe eine nette kleine Narbe an der Hand, die mich daran erinnert, dass ich einmal den Messereinsatz meiner Küchenmaschine in einem vollen Spülbecken vergessen habe. Nicht wissend, was für ein hartes (oder eher scharfes) Schicksal mich erwartete, tauchte ich die Hand ins Wasser – und musste mit drei Stichen genäht werden. Dabei hätte es sogar echt noch schlimmer kommen können.

KOCHEN OHNE REZEPT

Solange ihr beim Kochen noch kein richtiges Selbstvertrauen entwickelt habt, ist es natürlich vollkommen in Ordnung, wenn ihr die Rezepte in diesem Buch bis zum letzten Punkt befolgt. Je mehr Übung ihr bekommt, desto öfter werdet ihr aber von Rezepten abweichen und aus dem Bauch heraus kochen – mit einem Spritzer Essig hier und einem Schuss Öl da. Bei Desserts und beim Backen solltet ihr euch allerdings schon ans Rezept halten, damit die Gerichte auch gelingen (was ihr dazu serviert, könnt ihr immer noch eurer kreativen Eingebung überlassen). Für alles andere gilt: Frei Schnauze kochen macht Spaß, und mit diesen Tipps klappt es auch.

PROBIEREN GEHT ÜBER STUDIEREN

Gewöhnt euch an, beim Kochen von Anfang an ständig abzuschmecken. Eure Zunge kann die Geschmacksrichtungen süß, sauer, salzig und bitter unterscheiden (ja, es gibt auch noch eine fünfte, umami, aber das führt hier zu weit). Das Ziel ist, eine gewisse Harmonie herzustellen. Dabei seid ihr überhaupt nicht auf Zucker oder Salz beschränkt – es gibt noch viel mehr Möglichkeiten, einzelne Geschmacksrichtungen zu verstärken. Eine süßliche Note geben beispielsweise langsam geschmorte Zwiebeln. Balsamicoessig verleiht Säure, und Parmesanspäne steuern Salz bei. Wenn ihr Fleisch in einer üppigen Sauce kocht, passt meistens grünes Gemüse gut dazu, weil es eine natürliche Bitternote mitbringt.

Wenn ihr also was gekocht habt, das ihr schon ganz nett findet, das aber noch Verbesserungspotenzial hat, dann überlegt euch, was für Zutaten die Harmonie der Geschmacksrichtungen ausbalancieren könnten. Und denkt dran: Zuerst immer nur wenig davon zugeben. Mit Sojasauce nachzuwürzen ist einfacher, als sie wieder aus dem Gericht rauszukriegen.

DAS SPIEL MIT DEN KONSISTENZEN

Wie sich Gerichte im Mund anfühlen, ist etwas, worüber selten nachgedacht wird – dabei spielt es eine ähnlich große Rolle wie der Geschmack. Genau wie Geschmacksrichtungen sollten auch die Konsistenzen beim Essen ausgewogen sein: von weich über knusprig zu knackig ... Ihr wisst schon: Eine schön seidig-glatte Suppe schmeckt einfach besser mit einer dicken Scheibe knusprigem Brot. Und was macht euch an Pommes so an – dass sie a) ein so tolles Kartoffelaroma haben oder dass sie b) außen knusprig und innen fluffig sind? Ich gehe davon aus, dass ihr auf Antwort b) tippt. (Okay, okay, es gibt auch noch c): weil sie so schön salzig und einfach lecker schmecken.)

Jedenfalls lohnt es sich, beim Kochen im Auge zu behalten, wie ihr unterschiedliche Konsistenzen im Essen unterbringt. So verändert sich das Erlebnis von Bissen zu Bissen, und es wird nie langweilig. Ihr habt dazu zwei Möglichkeiten: Entweder fügt ihr eine neue Zutat hinzu (beispielsweise knackige Mandeln oder cremigen Fetakäse), oder ihr verändert die Konsistenz einer der Zutaten, die ihr sowieso schon benutzt – Tofu wird zum Beispiel außen knusprig und innen weich, wenn ihr ihn frittiert.

MAHLZEITEN ZUSAMMENSTELLEN

Was ich bisher über Geschmacksrichtungen und Konsistenzen geschrieben habe, gilt nicht nur für einzelne Gerichte, sondern auch für ganze Mahlzeiten. Beispielsweise könnt ihr Pasta mit einer fruchtigen Tomatensauce und reichlich salzigem Parmesan obendrauf servieren. Klingt schon mal toll. Aber wenn ihr das mit pfeffrigem Rucola in einem säuerlichen Dressing und schön krachigen Walnusskernen kombiniert, bekommt ihr eine ausgewogene Mischung, bei der das Ganze mehr ist als die Summe seiner Teile. Macht's klick? Ich hoffe, dass euch die Rezepte in diesem Buch auf Ideen bringen, was gut zusammen schmeckt. Ein paar Menüvorschläge für besondere Anlässe findet ihr hier auch (siehe S. 173–179).

MIT ANDEREN KOCHEN UND ESSEN

Ich dachte, ich sage mal ein bisschen was zum Thema „Essen
im gemeinsamen Haushalt" – egal ob Familie oder WG.
Normalerweise gibt's ja zwei Arten, wie das organisiert ist:
1. Alle teilen sich sämtliche Lebensmittel und Kosten.
2. Alles wird fein säuberlich getrennt gehalten, jeder hat
ein eigenes Fach im Vorratsschrank, und meistens sind drei
angeschnittene Brote im Haus.

Klar verstehe ich, wo die Vorteile von 2. liegen, vor allem wenn
man mit Leuten zusammenwohnt, die man nicht so gut kennt.
Aber es hat einiges für sich, gemeinsam zu wirtschaften. Ein
paar Gründe dafür lest ihr hier.

DIE KOSTEN

Wenn ihr in der Küche gemeinsame Sache macht, könnt ihr beim
Einkaufen durch größere Mengen echt Geld sparen. Schmeißt
lieber zusammen und kauft euch die große Packung Kaffee, statt
fast genauso viel für die winzige Tüte auszugeben.

EINKAUFEN WIRD EINFACHER

Allein durch den Supermarkt zu rennen ist ziemlich öde. Wenn
ihr aber zu mehreren geht, macht es nicht nur mehr Spaß, sondern
ihr seid auch schneller fertig. In meiner WG gab es eine Blechdose, in
die jeder von uns jede Woche einen bestimmten Geldbetrag geworfen
hat. Davon haben wir nicht nur die Lebensmittel eingekauft, sondern
auch solche Sachen wie Klopapier und Spülmittel. Wenn am Ende
der Woche noch Geld übrig war, sind wir damit nach dem Einkaufen
einen Kaffee trinken gegangen (oder haben es Freitagabend in die
Kneipe getragen).

GEMEINSAM KOCHEN IST GEMEINSAME ZEIT

Essen muss jeder. Und deshalb kann man genauso gut dafür sorgen,
dass man auch Spaß hat, wenn man schon in der Küche steht. Ich
finde ja gemeinsames Kochen echt gesellig: Schaltet einfach das Radio
ein, unterhaltet euch und zischt schon mal ein Bier zusammen. Außerdem könnt ihr euch dabei gut neue Gerichte voneinander abgucken,
denn schließlich kocht jeder ein bisschen anders.

WENIGER PLATZVERSCHWENDUNG

Ernsthaft: Wenn nicht jeder alles doppelt und dreifach hat, passt mehr
Bier in den Kühlschrank.

WENIGER LEBENSMITTELVERSCHWENDUNG

Wenn jeder für sich allein kocht und isst, wird es viel schwieriger, die
ganzen angebrochenen Lebensmittel vor Ablauf der Haltbarkeit zu
verbrauchen. Kauft mal einen Liter Milch zusammen – die ist schneller
weg, als man aufs Mindesthaltbarkeitsdatum gucken kann. Wenn ihr
dagegen die ganze Packung für euch allein habt, müsst ihr schon von
morgens bis abends Milch trinken, um sie rechtzeitig aufzubrauchen.

GUT ZU WISSEN

Natürlich lässt sich immer irgendein Vorwand finden, weshalb man nicht kochen kann oder will. Aber ehrlich, Kochen ist weder schwierig noch teuer oder lästig! Einige meiner besten Freunde konnten nicht kochen, bevor sie von zu Hause aus- zogen – danach wurde das echt zum Problem. Wer will schon ausschließlich von Tütensuppen, Tiefkühlpizzen oder dem Imbiss nebenan leben? Bei meinen Freunden habe ich mir das ein Jahr lang angesehen. Dann habe ich ihnen das Kochen beigebracht. Und was die können, bringt ihr genauso fertig, das wette ich mit euch!

Hier geht es um die Basics, die ich auch als Allererstes gelernt habe, also um ganz grundlegende Sachen mit alltäglichen Zutaten. Und gerade weil sie so einfach sind, lohnt es sich, sie zu üben.

Wenn ihr nach Rezept kocht, dann rate ich euch, es zuerst von vorn bis hinten durchzulesen. So wisst ihr genau, was auf euch zukommt, bevor ihr loslegt.

REIS: MEINE TIPPS

Reis im Vorrat zu haben lohnt sich immer:
Er ist nicht nur saubillig, sondern passt auch
noch zu unglaublich vielen Gerichten.

DER RICHTIGE REIS

Unten steht, welche Reissorten ich wofür benutze. Pro Person rechnet
man ca. 100 Gramm trockenen Reis.

REISSORTE	BESONDERHEIT	VERWENDUNG FÜR
Jasminreis	hoher Stärkegehalt: klebt beim Kochen zusammen, gut mit Stäbchen zu essen	Thai-Currys chinesische Gerichte japanische Gerichte
Basmatireis	niedriger Stärkegehalt: kocht körnig	indische Gerichte
Risottoreis (z. B. Arborio)	hoher Stärkegehalt: wird cremig	Risotto
Rundkornreis (Milchreis oder Sushireis)	mittlerer Stärkegehalt: klebt zusammen	Sushi süße Gerichte

VOR DEM KOCHEN

Wenn ihr wollt, dass euer Reis körnig kocht, die einzelnen Reiskörner
also nicht zusammenkleben, dann braust ihn vorher gut in einem Sieb
ab, um überflüssige Stärke wegzuspülen. Nur bei Risotto ist das nicht
so sinnvoll: Der soll ja durch die Stärke cremig werden.

KOCHEN

Von allen Reiskochmethoden finde ich ja die Quellmethode am praktischsten. Dabei saugt der Reis beim Kochen die gesamte Flüssigkeit
auf und muss nicht mehr abgegossen werden. Als grobe Faustregel
könnt ihr euch merken: 1 Teil Reis auf $1\frac{1}{2}$ Teile Flüssigkeit. Das muss
nicht unbedingt Wasser sein – Brühe oder Kokosmilch gehen auch.
Gebt Reis und Flüssigkeit in einen Topf, kocht alles zugedeckt auf und
lasst es bei geringer Hitze ca. 12 Minuten kochen. Dann vom Herd
nehmen, noch 10 Minuten quellen lassen – fertig!

NUDELN: MEINE TIPPS

Nudeln zu kochen ist echt kein großes Ding. Die Tipps unten gelten nicht nur für dieses Buch, sondern für alle eure Lieblings-Pastarezepte.

DIE RICHTIGEN NUDELN

Die Wahl der richtigen Nudel hängt zuallererst von der Sauce ab. Man kann die folgenden Typen unterscheiden:

NUDELTYP	BEISPIELE	GUT FÜR
gefüllt	Ravioli, Tortellini	Tomatensaucen
		dickere Saucen wie Pesto
kurz	Fusilli, Orecchiette	stückige Gemüsesaucen
		Suppen und Brühen
hohl	Penne, Makkaroni	Tomatensaucen
		Käsesaucen
		Fleischsaucen
		Nudelaufläufe
lang und dünn	Spaghetti, Linguine	Saucen auf Ölbasis
		Meeresfrüchte
lang und dick	Fettuccine, Pappardelle	cremige Saucen
		Buttersaucen
		Fleischsaucen
		Tomatensaucen

VOR DEM KOCHEN

Füllt euren größten Topf zu zwei Dritteln mit Wasser und bringt es zum Kochen. Gebt großzügig Salz dazu – mehr als ihr denkt, denn es würzt die Pasta, und den größten Teil gießt ihr nachher sowieso mit dem Wasser weg. Wenn die Nudeln nach was schmecken, braucht ihr weniger Salz für die Sauce. Manche geben außerdem Öl ins Kochwasser, damit die Nudeln nicht zusammenkleben, aber das ist nicht notwendig. Rührt einfach gelegentlich um und achtet darauf, dass das Wasser die ganze Zeit wirklich sprudelnd kocht, dann klebt nix.

KOCHEN

Man rechnet im Normalfall ungefähr 100 Gramm trockene Nudeln pro Person. Sobald euer Wasser wie wild blubbert, werft die Pasta hinein, rührt einmal um und legt den Deckel auf, bis das Wasser wieder kocht. Dann könnt ihr den Deckel abnehmen und die Nudeln so lange kochen, bis sie „al dente" sind – also bissfest. Das ist der Punkt, an dem sie zwar gar sind, aber noch nicht so weich, dass sie sich zu Brei zerdrücken lassen. Die Konsistenz passt? Dann könnt ihr jetzt, wenn ihr wollt, ein bisschen Salzwasser aus dem Topf schöpfen, um es für die Sauce zu benutzen.

NACH DEM KOCHEN

Gießt die Nudeln in einen Durchschlag (Standsieb) ab, den ihr ins Spülbecken gestellt habt, und schüttelt sie ein bisschen, damit sie gut abtropfen. Jetzt könnt ihr sie direkt in eure heiße Sauce geben. Falls die Sauce sehr dick geraten ist, könnt ihr sie mit dem heißen Nudelkochwasser, das ihr zuvor abgenommen habt, etwas geschmeidiger machen. Und jetzt: Sofort essen!

SO GEHT DAS PERFEKTE STEAK

Ein gutes Steak ist was Großartiges – entweder im Sommer direkt vom Grill mit einem Salat oder im Winter aus der Pfanne mit Kartoffelpüree oder Pommes. Und wenn man schon viel Geld für ein Stück Rindfleisch hinlegt, dann sollte es auch richtig toll schmecken. Mit diesen Tipps kriegt ihr das hin!

VOR DEM BRATEN

Nehmt das Fleisch rechtzeitig aus dem Kühlschrank, am besten eine Stunde vor dem Koch-Startschuss. So kann es Raumtemperatur annehmen und gart nachher gleichmäßiger. Schneidet alle Sehnen ab, denn sie ziehen sich beim Braten zusammen – und gewölbtes Steak brät nun mal nicht ebenmäßig. Ölt das Fleisch ein statt Rost oder Pfanne, sonst riskiert ihr, dass das Öl verbrennt oder beim Grill plötzlich Flammen hochschlagen. Das sieht zwar ganz schön beeindruckend aus, aber ob verbranntes Öl oder verbranntes Fleisch den Feuerzauber wirklich wert sind? Würzt das Fleisch kurz vor dem Braten, damit es die Gewürze auch aufnehmen kann. Spart nicht am Salz, damit euer Steak auch wirklich eine superleckere Kruste bekommt.

BRATEN

Einer der wichtigsten Punkte beim Steakbraten: Die Pfanne muss brüllend heiß sein, sodass das Fleisch ordentlich zischt, wenn ihr es reinlegt. Nur so kriegt ihr eine ordentliche braune Kruste hin. Und wer will schon graue Steaks auf den Tisch bringen, weil die Pfanne kalt war? Spielt mit dem Fleisch nicht rum – wendet es ein einziges Mal und lasst es sonst in Ruhe. Alle wollen ihr Steak anders gegart haben. Wenn also das Fleisch in der Pfanne ist, fragt die Gäste, wie sie es haben wollen. Damit punktet ihr als superhöflicher Gastgeber – und wirkt so, als wüsstet ihr, was ihr da tut.

NACH DEM BRATEN

Es ist wichtig, dass das fertige Steak noch etwas ruhen kann, bevor ihr reinschneidet. So können sich die Fleischfasern wieder entspannen, und die Säfte verteilen sich gut. Wenn es genügend Ruhe hatte, liegt auch ein „rare" gebratenes Steak beim Anschneiden nicht in einer Blutlache. Als Faustregel könnt ihr euch merken, dass es ungefähr halb so lange ruhen sollte, wie es zum Braten brauchte. Natürlich darf es dabei nicht gleich wieder kalt werden. Legt es also aus der Pfanne am besten auf einen vorgewärmten Teller und deckt es mit einem sauberen Geschirrtuch ab.

Ich habe hier absichtlich keine Garzeiten angegeben: Alles hängt davon ab, was für ein Fleischstück ihr am Start habt, wie dick es ist und wie heiß ihr Pfanne oder Grill kriegt. Ihr könnt aber prüfen, wie weit euer Steak ist, indem ihr mit der Zange oder dem Finger draufdrückt. Ist es innen noch blutig, dann fühlt es sich weich an. Je länger es gart, desto fester wird es. Es gibt eine Menge Leute, die behaupten, man könnte das mit dem Daumentest ganz genau feststellen: Wenn man Daumen und Zeigefinger zusammenpresst und dann den Daumenballen befühlt, dann ist das ähnlich weich wie ein „medium-rare" gebratenes Steak. Drückt man Daumen und Mittelfinger zusammen, fühlt es sich an wie „medium", Daumen und Ringfinger wie „fast durch" und Daumen und kleiner Finger wie „ganz durch". Na ja, ich bin da skeptisch – schließlich hat jeder andere Hände. Aber als Anhaltspunkt funktioniert es gar nicht schlecht.

Wenn ihr Fleisch aufschneidet, dann schneidet immer quer zur Faser (ob es roh ist oder gegart). So ist es im Mund zarter.

DAS WORT ZUM EI

Hier kommen ein paar Lieblingsrezepte für das gute alte Ei. Ich rate euch, Eier aus Freilandhaltung zu kaufen (falls ihr das nicht sowieso schon tut). Vielleicht schmecken sie euch sogar besser, aber wichtiger ist, dass ihr sie mit gutem Gewissen essen könnt.

Wenn ihr Rührei macht, müsst ihr eins im Kopf behalten: Es gart weiter, nachdem ihr es aus der Pfanne genommen habt. Deshalb müsst ihr es schon vom Herd nehmen, wenn es noch nicht ganz durchgestockt aussieht, sonst sitzt ihr nachher mit supertrockenem Rührei da. Am liebsten mag ich es mit knusprig gebratenem Frühstücksspeck und ein paar gebratenen Kirschtomaten oder Pilzen.

RÜHREI

ZUBEREITUNG: 5 MIN. // GARZEIT: 5 MIN. // FÜR 2 PERSONEN

5 Eier
60 ml Sahne
1 EL Schnittlauch, fein geschnitten
    (nach Belieben)
30 g Butter
Salz
Toast zum Servieren

1. Eier, Sahne und Schnittlauch in einer Schüssel grob vermischen (wenn noch Eigelbflecken sichtbar sind, ist das nicht schlimm).
2. Eine kleine Pfanne bei niedriger Temperatur erhitzen. Die Butter darin schmelzen lassen und die Eimischung zugeben. Mit einem hölzernen Pfannenwender gelegentlich das bereits gestockte Ei vom Rand zur Mitte schieben. Nicht zu heftig rühren und die Hitze gering halten, damit das Rührei schön cremig wird. Nach 2–4 Minuten (das Ei sollte noch nicht ganz durchgestockt sein) mit Salz würzen und vom Herd nehmen. Das Rührei auf Toast servieren.

Früher habe ich nie pochierte Eier bestellt – ich dachte, die schmecken nach nichts, weil sie nur in Wasser gekocht werden. Inzwischen finde ich sie einfach nur großartig, zum Beispiel zu gebratenem grünem Spargel und Räucherlachs oder einfach mit zerdrückter Avocado auf Toast. Manche Rezepte behaupten, man müsste das Wasser im Topf erst wild rühren, damit ein Strudel entsteht, in den man das Ei gibt. Na ja, ich hab's mit und ohne probiert und konnte keinen großen Unterschied feststellen. Wichtiger ist da schon, dass die Eier sehr frisch sind. Bei älteren Eiern wird das Eiweiß nämlich flüssiger und verteilt sich im ganzen Topf, sobald man das Ei hineinschlägt. Wie frisch eure Eier sind, könnt ihr feststellen, indem ihr eins in ein Glas Wasser gebt. Frische Eier sinken zu Boden und legen sich auf die Seite. Ältere richten sich auf, und richtig alte schwimmen oben.

POCHIERTE EIER

ZUBEREITUNG: 5 MIN. // GARZEIT: 3 MIN. // FÜR 2 PERSONEN

4 sehr frische Eier (Größe L)
Salz, Pfeffer
Toast zum Servieren

1. Einen großen Topf zur Hälfte mit heißem Wasser füllen, eine gute Prise Salz dazugeben, das Wasser aufkochen und danach bei mittlerer Hitze gerade köcheln lassen.

2. Ein Ei in eine Tasse oder kleine Schüssel aufschlagen und dicht über der Wasseroberfläche ins Wasser gleiten lassen. Das Spiel mit den übrigen Eiern wiederholen. Die Eier ca. 3 Minuten kochen, bis das Eiweiß fest, aber nicht hart ist.

3. Die Eier mit einer Schaumkelle herausheben, kurz abtropfen lassen und auf ein Stück Küchenpapier legen, um das Wasser aufzusaugen. Mit Salz und Pfeffer bestreuen und sofort auf Toast servieren.

Dieses Rezept ist ein echtes Sattmacher-Frühstück – oder, zusammen mit einem Salat, ein Abendessen. Chorizo kaufe ich oft auf Vorrat. Wenn ich dann morgens mit einem Bierschädel aufwache, brauche ich nur noch ein paar Eier aufzuschlagen, und das Frühstück ist fast fertig.

CHORIZO-EIER

ZUBEREITUNG: 15 MIN. // GARZEIT: 35 MIN. // FÜR 4 PERSONEN

1. Den Backofen auf 200 °C (Umluft 180 °C) vorheizen.
2. Das Öl in einer tiefen Pfanne bei mittlerer Temperatur erhitzen. Die Chorizo zugeben und ca. 4 Minuten anbraten. Zwiebel und Paprikawürfel zufügen und unter gelegentlichem Rühren ca. 4 Minuten glasig anschwitzen. Knoblauch und Paprikapulver ca. 1 Minute mitbraten. Dann die Tomaten zugeben, die Temperatur etwas reduzieren und alles ca. 15 Minuten köcheln lassen, bis die Mischung andickt. Mit Salz und Pfeffer abschmecken.
3. Die Mischung gleichmäßig auf 4 ofenfeste Förmchen oder Kaffeetassen (300 Milliliter Fassungsvermögen) verteilen und je 1 aufgeschlagenes Ei obenauf geben. Mit dem Käse bestreuen und im Backofen 8–10 Minuten garen, bis die Eier gestockt sind.
4. Die Mischung mit der Petersilie bestreuen und mit Ciabatta servieren.

1 EL Olivenöl
1 Chorizo (spanische Paprikawurst, ca. 200 g), in feinen Scheiben
1 rote Zwiebel, in feinen Ringen
1 rote Paprikaschote, geputzt und gewürfelt
3 Knoblauchzehen, fein geschnitten
2 TL Paprikapulver (rosenscharf)
800 g stückige Tomaten (Dose)
Salz, Pfeffer
4 Eier
65 g geriebener Käse (z. B. Cheddar)
2 EL glatte Petersilie, grob gehackt
Getoastetes Ciabatta zum Servieren

REZEPTE

Die folgenden Kapitel sind mein ganzer Stolz, denn darin präsentiere ich euch die Rezepte, die ich als Mitternachtssnacks, schnelle Mittagessen, zu besonderen Gelegenheiten und manchmal zum Katerfrühstück koche. Ich habe sie schon oft gemacht, aber sie schmecken keine zwei Male wirklich identisch, und das sollen sie auch gar nicht. Wenn ihr eine Zutat nicht dahabt oder nicht mögt, dann nehmt was anderes. Beim Kochen gibt es kein Richtig oder Falsch – Hauptsache, es ist lecker! Ich hoffe also, ihr betrachtet die Rezepte höchstens als Hilfestellung und wandelt sie so lange ab, bis es eure eigenen geworden sind. Im Idealfall habt ihr dabei genauso viel Spaß wie ich!

QUICK & TASTY

Immer wieder erzählen mir Leute, dass sie nicht kochen, weil sie dazu keine Zeit haben. Also gut: Hier sind Rezepte für die Momente, wenn es schnell gehen muss. Wenn ihr sie das erste Mal ausprobiert, kommen sie euch vielleicht kostspielig vor, weil ihr nicht nur die frischen Zutaten kaufen müsst, sondern auch die haltbaren Sachen. Aber sobald ihr die erst einmal im Schrank stehen habt, wird's billiger – definitiv günstiger als Essen vom Imbiss!

Für keins der Rezepte in diesem Kapitel braucht ihr länger als 25 Minuten, gerechnet vom Kühlschranköffnen bis zum „Guten Appetit". Ein paar superfixe Desserts gibt's auch, weil hin und wieder selbst im größten Stress was Süßes einfach nett ist. Außerdem könnt ihr damit bei Leuten, die ihr mit einem Spontan-Dinner bekocht, ziemlich Eindruck schinden. Ich finde ja, dass sich eine Menge Probleme durch so was wie gebratene Bananen mit Salzkaramell (siehe S. 58) lösen lassen. Mit diesem Gericht habe ich schon mehr als einmal wieder für Friede, Freude, Eierkuchen gesorgt.

CHINESISCHEN REISWEIN ZUM KOCHEN GIBT
ES UNTER DEM NAMEN SHAO HSING ODER
SHAO XING IN ASIENLÄDEN. NICHT GEFUNDEN?
DANN NEHMT HÜHNERBRÜHE ODER WASSER.

Dieses tolle Gericht hat mich oft gerettet, wenn ich einen langen Tag an der Uni hinter mir hatte (na ja, zugegeben, der fing auch erst gegen 11 an). Der Wok ist dafür toll: Das Gemüse bleibt knackig, und abzuwaschen gibt's auch nicht viel.

MEIN LIEBLINGS-WOKGERICHT

ZUBEREITUNG: 10 MIN. // GARZEIT: 15 MIN.
FÜR 2 PERSONEN (SO BLEIBT WAS FÜR DEN NÄCHSTEN TAG ÜBRIG)

1. Die Nudeln in einem Topf mit reichlich Wasser in 3–4 Minuten knapp gar kochen. Abgießen und in kaltes Wasser legen.

2. Das Hähnchenfleisch mit dem Fünf-Gewürze-Pulver bestreuen. Einen Wok stark erhitzen, die Hälfte des Pflanzenöls und dann die Fleischstücke hineingeben und ca. 4 Minuten unter gelegentlichem Rühren anbraten, bis sie goldbraun und gerade gar sind. Herausnehmen und beiseitestellen.

3. Das übrige Öl in den Wok geben und Knoblauch und Chili darin anbraten. Sobald der Knoblauch Farbe annimmt, Brokkoli und Pak-Choi zufügen. Alles 2–3 Minuten rührbraten. Bohnen oder Zuckerschoten, Kochwein, Soja- und Austernsauce zugeben und alles unter gelegentlichem Rühren weitergaren, bis das Gemüse so durch ist, wie ihr es haben wollt – ich mag's knackig.

4. Die Frühlingszwiebeln und die Fleischwürfel dazugeben und kurz erwärmen.

5. Ganz zum Schluss die Nudeln in heißem Wasser (direkt aus der Leitung) wieder aufwärmen, abtropfen lassen und dazu servieren. Alles nach Belieben mit Koriander bestreuen.

270 g Sobanudeln (japanische Buchweizennudeln)
500 g Hähnchenfleisch, in 2 cm großen Würfeln
2 TL chinesisches Fünf-Gewürze-Pulver
2 EL Pflanzenöl
2 Knoblauchzehen, fein geschnitten
1 frische rote Chilischote, in feinen Ringen
250 g Brokkoli, in kleine Röschen geteilt
2 Mini-Pak-Choi, längs geviertelt
150 g grüne Bohnen oder Zuckerschoten, geputzt
2 EL chinesischer Kochwein (siehe Tipp)
1½ EL Sojasauce (mehr nach Geschmack)
60 ml Austernsauce (mehr nach Geschmack)
3 Frühlingszwiebeln, in 4 cm langen Streifen
Korianderblätter zum Garnieren (nach Belieben)

Meistens kommt Hähnchen-Saté ja in Spießform auf den Tisch. Ich finde das, ehrlich gesagt, unnötiges Gefummel und mache meins eher wie Hähnchencurry. Limetten sind ganz schön teuer – umso wichtiger, so viel Saft wie möglich rauszuholen: Rollt sie entweder ein paarmal auf dem Tisch hin und her oder legt sie für 10 Sekunden in die Mikrowelle.

SUPERSCHNELLES HÄHNCHEN-SATÉ

{OHNE SPIESSCHEN}

ZUBEREITUNG: 10 MIN. // GARZEIT: 15 MIN.
FÜR 2 PERSONEN (LEICHT ZU VERDOPPELN – DANN ABER IN 2 PORTIONEN GAREN)

400 g Hähnchenfleisch
3 TL Pflanzenöl
60 ml Kokosmilch (Dose)
150 g grüne Bohnen, gedämpft,
    zum Servieren
Gekochter Reis (siehe S. 31)
    zum Servieren

FÜR DIE SATÉ-SAUCE
1 Knoblauchzehe, geschält
1 frische rote Chilischote, geputzt
10 g frischer Ingwer, geschält
    und grob gehackt
70 g stückige Erdnusscreme
½ Bund Koriandergrün,
    mit Stängeln grob gehackt
Abgeriebene Schale und Saft
    von 1 Bio-Limette
2 TL Fischsauce (siehe Tipp)

1. Für die Saté-Sauce alle Zutaten in einem Mixer glatt pürieren. Falls nötig, etwas Wasser zugeben.

2. Das Fleisch erst der Länge nach in Streifen, dann jeden Streifen in 4 Stücke schneiden. Einen Wok oder eine große Pfanne stark erhitzen. Das Öl zugeben. Sobald es heiß ist, das Fleisch zufügen und in ca. 2 Minuten von jeder Seite goldbraun braten. Dabei möglichst wenig rühren.

3. Die Saté-Sauce in den Wok geben und alles 3–5 Minuten unter gelegentlichem Rühren braten, bis das Saté etwas dunkler geworden und das Fleisch gar ist. Jetzt die Kokosmilch zufügen und alles noch 1 weitere Minute erhitzen.

4. Das Saté mit Bohnen und Reis servieren.

FISCHSAUCE IST ERST MAL EIN BISSCHEN GEWÖHNUNGSBEDÜRFTIG, ABER SIE GIBT ASIATISCHEN GERICHTEN EIN TOLLES AROMA. IHR FINDET SIE IN ASIENLÄDEN.

IN AUSTRALIEN GIBT'S
DAZU JAPANISCHE MAYON-
NAISE (Z. B. „KEWPIE"). ABER
NORMALE TUT'S AUCH.

Mit diesem Gericht hat mich mal mein Freund Adam Liaw bekocht, und ich war sofort süchtig. Seitdem mache ich es ständig. Mirin und Sake gibt's in Asienläden oder im Asienregal des Supermarkts. Am besten rührt ihr gleich die doppelte Menge Sauce an, dann geht's beim nächsten Mal schneller. Sie hält sich im Kühlschrank ewig.

TERIYAKI-HÄHNCHEN
{UND ZWAR RICHTIG!}

ZUBEREITUNG: 10 MIN. // GARZEIT: 10 MIN. // FÜR 2 PERSONEN

1. Alle Zutaten für die Teriyaki-Sauce in einem kleinen Topf vermischen und unter Rühren bei geringer Hitze erwärmen, bis sich der Zucker aufgelöst hat. Die Sauce beiseite-stellen.
2. Das Öl in einer großen beschichteten Pfanne bei hoher Temperatur erhitzen. Die Hähn-chenwürfel mit der Stärke bestäuben, ins heiße Öl geben und in ca. 5 Minuten von bei-den Seiten goldbraun braten. Zwischendurch nur einmal wenden. Das Fleisch soll knapp durchgegart sein.
3. Die Temperatur reduzieren und die Hälfte der Teriyaki-Sauce in die Pfanne gießen. Alles unter gelegentlichem Rühren weiterköcheln lassen, bis die Sauce leicht eindickt und die Hähnchenteile umhüllt. Jetzt den Rest der Sauce zugeben und weiterköcheln, bis sie schön sämig ist.
4. Sesamsamen und nach Belieben Koriander oder Frühlingszwiebeln über das Hähnchen streuen. Das Gericht mit Mayonnaise und einer Beilage wie dem Gurken-Radieschen-Salat (siehe S. 159) servieren.

1½ EL Pflanzenöl
400 g Hähnchenfleisch,
    in 3 cm großen Würfeln
1 EL Speisestärke zum Bestäuben
2 TL Sesamsamen
Koriandergrün, gehackt,
    oder Frühlingszwiebel,
    in Ringen, zum Bestreuen
Mayonnaise zum Servieren
    (nach Belieben, siehe Tipp)

FÜR DIE TERIYAKI-SAUCE
2½ EL helle Sojasauce
2 EL Sake (japanischer Reiswein,
    ersatzweise trockener Sherry)
1½ EL Mirin (süßer Reiswein)
1 EL feiner Zucker

Hühnerbrühe in einem Fischrezept – klingt komisch? Mag sein, aber sie trägt dazu bei, dass Gerichte mit Fisch oder Meeresfrüchten leicht und nicht durchdringend fischig schmecken.

LACHSFETTUCCINE MIT ZITRONE UND KAPERN

ZUBEREITUNG: 10 MIN. // GARZEIT: 15 MIN. // FÜR 2 PERSONEN

Salz
200 g Fettuccine oder andere
    lange Nudeln
1 EL Olivenöl
2 Knoblauchzehen, fein gehackt
160 ml Hühnerbrühe
160 ml Sahne
Pfeffer
abgeriebene Schale und
    Saft von 1 Bio-Zitrone
1 EL kleine Kapern, abgespült
1 EL Dill, gehackt (nach Belieben)
200 g Räucherlachs, mundgerecht
    zerpflückt
Geriebener Parmesan
    zum Bestreuen

1. In einem großen Topf reichlich Salzwasser zum Kochen bringen. Die Fettuccine zugeben und nach Packungsanweisung al dente garen.

2. Inzwischen in einem zweiten großen Topf das Olivenöl erhitzen und den Knoblauch darin bei mittlerer Hitze goldgelb anschwitzen. Die Hühnerbrühe zugeben und bei hoher Temperatur auf ca. 60 Milliliter einkochen lassen. Die Sahne einrühren und alles bei geringer Hitze 2–3 Minuten köcheln lassen, bis die Sauce leicht andickt. Mit Pfeffer und wenig Salz abschmecken (Achtung: Der Räucherlachs steuert auch noch einmal Salz bei).

3. Zitronensaft und -schale, Kapern und Dill zur Sauce geben. Die Nudeln abgießen und unter die Sauce heben. Zum Schluss den Räucherlachs zufügen und untermischen. Zum Servieren mit Parmesan bestreuen.

Vor einer langen Partynacht gehe ich oft noch in mein chinesisches Lieblingsrestaurant, und da bestelle ich jedes Mal dieses Gericht. Und das will was heißen, weil Tofu ganz schrecklich sein kann. Aber hier schmeckt er einfach toll. Meine Version kommt dem Restaurantgericht ziemlich nahe (nur aufs Glutamat habe ich verzichtet).

SALZ-UND-PFEFFER-TOFU

ZUBEREITUNG: 10 MIN. // GARZEIT: 15 MIN.

FÜR 1 HUNGRIGEN ESSER ODER 2–4, WENN ES NOCH ANDERE GERICHTE GIBT

1. Alle Zutaten für den Dip in einer kleinen Schüssel verrühren.

2. Das Öl in einem Wok auf 180 °C erhitzen (wenn ein Brotwürfel darin in 15 Sekunden goldbraun wird, ist die Temperatur richtig). Den Tofu ca. 2 Zentimeter groß würfeln und trocken tupfen. In der Stärke wenden, überschüssige Stärke abschütteln. Die Hälfte der Tofuwürfel ins heiße Öl geben und in ca. 5 Minuten goldgelb und knusprig frittieren. Mit einer Schaumkelle herausheben, etwas abtropfen lassen und in einer großen Schüssel gut mit Salz und Pfeffer vermischen. Den übrigen Tofu ebenso frittieren.

3. Das Öl im Wok etwas abkühlen lassen, dann bis auf 2 Teelöffel abgießen (in einem Topf oder einer Metallschüssel auskühlen lassen, dann in der Ölflasche bis zum nächsten Frittieren aufbewahren).

4. Den Wok bei mittlerer Temperatur erhitzen. Frühlingszwiebeln, Chili und Knoblauch darin kurz anschwitzen, dann den Tofu zugeben, untermischen und noch einmal erhitzen. Die Tofuwürfel mit dem Dip servieren.

1 l Pflanzenöl zum Frittieren
350 g fester Tofu
2 TL Speisestärke
Meersalz und frisch gemahlener
  schwarzer Pfeffer
3 Frühlingszwiebeln,
  in schrägen Ringen
1 frische rote Chilischote,
  in feinen Ringen
1 Knoblauchzehe, fein geschnitten

FÜR DEN SOJASAUCEN-DIP
2 EL helle Sojasauce
2 EL Mirin (süßer Reiswein,
  siehe Tipp)
2 TL Reisessig (Asienladen)
½ TL frischer Ingwer, gerieben

MIRIN GIBT ES IM ASIENREGAL DER MEISTEN SUPERMÄRKTE.

GELBES FISCHCURRY

ZUBEREITUNG: 15 MIN. // GARZEIT: 15 MIN. // FÜR 4 PERSONEN

180 ml ungesüßte Cream
of Coconut (Dose)
400 ml Kokosmilch (Dose)
2 EL Fischsauce (Asienladen)
1 EL Palmzucker (Asienladen),
gehackt (ersatzweise
brauner Zucker)
2 EL Limettensaft
250 g Kirschtomaten, halbiert
150 g Zuckerschoten, geputzt
500 g weißes Fischfilet (z.B. See-
lachs), in 3 cm großen Würfeln
Korianderblätter zum Bestreuen
Gekochter Reis (siehe S. 31)
zum Servieren

FÜR DIE CURRYPASTE

4 Schalotten, grob gehackt
25 g frischer Ingwer, geschält,
in Scheiben
4 Knoblauchzehen, grob gehackt
2 frische rote Chilischoten, grob
gehackt (wer's milder mag:
ohne Samen)
Wurzeln und Stängel von
½ Bund Koriandergrün,
geputzt und grob gehackt
2 Stängel Zitronengras, nur das
Weiße, in feinen Ringen
2 TL Garnelenpaste (Asienladen,
nach Belieben)
½ TL gemahlene Kurkuma
2 EL Pflanzenöl

1. Für die Currypaste alle Zutaten bis auf das Öl in einem Mixer oder einer Küchenmaschine fein zerkleinern. Während der Mixer weiterläuft, nur so viel Öl zugeben, bis eine cremige Paste entstanden ist.

2. Einen Wok oder weiten Topf bei mittlerer Temperatur erhitzen. Das Feste von der Cream of Coconut abheben, zugeben und unter Rühren erhitzen, bis es ölig aussieht. Die Currypaste zugeben und 3 Minuten mitbraten, bis der Duft nicht mehr so scharf ist und die Paste etwas dunkler wird. Die übrige Cream of Coconut und die Kokosmilch zugeben und alles gut verrühren.

3. Fischsauce, Palmzucker und Limettensaft zugeben (evtl. nachwürzen). Tomaten, Zuckerschoten und Fisch zufügen und alles 2–3 Minuten köcheln lassen, bis der Fisch gerade gar ist.

4. Alles mit Korianderblättern bestreuen. Ich gebe allen, die mitessen, Schälchen mit Reis und stelle den Wok zur Selbstbedienung auf den Tisch.

FALLS IHR KORIANDERGRÜN
MIT WURZELN BEKOMMT, ACHTET
DARAUF, DIE DARAN HAFTENDE ERDE
ZU ENTFERNEN. IHR KÖNNT DIE
GESAMTEN STÄNGEL VERWENDEN.

Diese Schokomousse habe ich immer als Last-Minute-Dessert in petto – mit etwas Obst schmeckt sie super! Anders als beim üblichen Rezept müsst ihr hier nicht warten, bis sie fest geworden ist, weil sie ohne Gelatine und Eier auskommt. Wenn ihr sie allerdings in den Kühlschrank stellt, wird sie ziemlich hart. Deshalb mache ich meist nur so viel, wie ich sofort aufessen kann. Das Tollste an dem Rezept: Sieht beeindruckend aus, macht aber so ungefähr gar keinen Aufwand.

SUPERSCHNELLE SCHOKOMOUSSE

ZUBEREITUNG: 20 MIN.
FÜR 2 PERSONEN (LÄSST SICH ABER AUF GANZE HEERSCHAREN HOCHRECHNEN)

¼ l Sahne
200 g gute Bitterschokolade, in kleinen Stückchen

1. Die Sahne in einer großen Schüssel mit den Quirlen des Handrührgeräts sehr steif schlagen. (Wenn ihr von Hand schlagen müsst, weil ihr kein Handrührgerät habt, dann wechselt euch am besten zu zweit ab.)
2. Sucht euch eine hitzefeste Schüssel, die ihr so auf einen kleinen Topf mit knapp köchelndem Wasser setzen könnt, dass der Schüsselboden das Wasser nicht berührt. Die Schokoladenstückchen hineingeben und schmelzen lassen. Dabei mit einem Metalllöffel umrühren. Die geschmolzene Schokolade vom Herd nehmen und 1 Minute abkühlen lassen. (Alternativ die Schokolade in der Mikrowelle auf mittlerer Stufe in Zehn-Sekunden-Intervallen erhitzen. Alle zehn Sekunden umrühren, bis sie geschmolzen ist.)
3. Die Schokolade zur Sahne gießen, dabei mit den Quirlen des Handrührgeräts rühren, bis alles gut vermischt ist. Sofort servieren.

Salz im Nachtisch klingt erst mal ungewöhnlich, aber es bildet hier das perfekte Gegengewicht zum Zucker. Wenn ihr misstrauisch seid, wartet mit dem Salzen einfach bis zum Schluss. Probiert, gebt ein bisschen Salz dazu und probiert wieder – und dann entscheidet nach Gusto. Falls Karamellsauce übrig bleibt, kein Problem! Sie hält sich im Kühlschrank, auch wenn sie dabei ein bisschen fest wird. Aber im Topf oder in der Mikrowelle lässt sie sich ganz leicht wieder verflüssigen, und sie schmeckt super über Eis oder direkt aus der Schüssel gelöffelt (Wer – ich? Aber niemals!). Um das Rezept zu verdoppeln, benutzt ihr entweder eine zweite Pfanne oder bratet die Bananen nacheinander.

GEBRATENE BANANEN MIT SALZKARAMELL

ZUBEREITUNG: 10 MIN. // GARZEIT: 15 MIN. // FÜR 2 PERSONEN

2 mittelgroße, relativ feste
   Bananen
100 g Butter
⅛ Sahne
165 g brauner Zucker
½ TL Salz
2 EL grob gehackte Haselnüsse
   zum Bestreuen
Vanilleeis (Fertigprodukt)
   zum Servieren

1. Die Bananen schälen und längs halbieren. In einer großen beschichteten Pfanne 2 Esslöffel Butter bei mittlerer Hitze schmelzen lassen, dann die Bananen mit der Schnittfläche nach unten hineinlegen und in ca. 2 Minuten goldgelb braten. Vorsichtig umdrehen, erneut ca. 2 Minuten braten und dann auf Teller heben.

2. Die übrige Butter mit Sahne, Zucker und Salz unter Rühren in der Pfanne schmelzen lassen. Sobald sich der Zucker aufgelöst hat, die Temperatur erhöhen und die Mischung 3–5 Minuten kochen lassen, bis sie dicklich wird. Dabei gelegentlich umrühren. Aber aufpassen: Karamell brennt leicht an!

3. Etwas von der Karamellsauce über die Bananen gießen, mit den Nüssen bestreuen und mit reichlich Eiscreme servieren.

WIE BEI MUTTERN

Hier findet ihr die Rezepte, mit denen ich groß geworden bin.
Eigentlich wollte ich es „Wie bei Dad" nennen, weil normalerweise mein Vater gekocht hat – aber das klingt leider nicht so
gut. Ich finde es großartig, einen Braten oder Eiscreme selbst
machen zu können, auch wenn ich echt dankbar bin, dass es
heutzutage in der Küche nicht mehr nur Hausmannskost gibt.
Zum Glück haben wir uns bei allen möglichen anderen Kul-
turen leckere Sachen abgeguckt!

EINE ZIEMLICH GUTE MINESTRONE

ZUBEREITUNG: 15 MIN. // GARZEIT: 40 MIN. // FÜR 4–6 PERSONEN

1. Das Öl im größten Topf des Haushalts erhitzen. Den Speck zugeben und bei mittlerer Temperatur unter Rühren ca. 5 Minuten anbraten. Zwiebel, Möhre und Sellerie zugeben und ca. 5 Minuten anschwitzen, dabei gelegentlich umrühren. Den Knoblauch zufügen und so lange weiterschwitzen, bis alles goldbraun ist.

2. Tomaten, Brühe und ½ Liter Wasser zugeben und mit Pfeffer würzen. Alles ca. 20 Minuten köcheln lassen, bis das Gemüse so gar ist, wie ihr es haben wollt.

3. Die Makkaroni zugeben und ca. 5 Minuten mitkochen lassen. Sobald sie fast gar sind, Brokkoli, weiße Bohnen und nach Belieben Petersilie zugeben und nur noch kurz kochen, damit der Brokkoli knackig bleibt. Die Suppe mit Salz abschmecken.

4. Für das Pesto den Backofen auf 180 °C (Umluft 160 °C) vorheizen. Die Pinienkerne auf einem Blech verteilen und im Ofen in ca. 5 Minuten goldbraun rösten. Abkühlen lassen. Pinienkerne mit Basilikum in einen Mixer oder eine Küchenmaschine geben, den Knoblauch dazupressen und alles glatt pürieren. Das Öl zugeben, dabei weitermixen. Das Pesto in eine Schüssel füllen und den Parmesan unterrühren.

5. Die Suppe mit Brot und Pesto servieren – oder nach Belieben mit Senf bestrichenen Käsetoast dazu machen.

1 EL Olivenöl, extra vergine
185 g Frühstücksspeck (Bacon), in Streifen
1 Zwiebel, gewürfelt
1 Möhre, gewürfelt
1 Stange Staudensellerie, gewürfelt
2 Knoblauchzehen, fein geschnitten
400 g stückige Tomaten (Dose)
1 l Fleischbrühe
Pfeffer
100 g kurze Makkaroni
150 g Brokkoli, in Röschen geteilt
1 Dose weiße Bohnen (400 g Füllgewicht), abgespült und abgetropft
½ Bund glatte Petersilie, gehackt (nach Belieben)
Salz
Knuspriges Brot zum Servieren

FÜR DAS PESTO
40 g Pinienkerne
1 großes Bund Basilikum, Blätter abgezupft
1 Knoblauchzehe, geschält
50 ml Olivenöl
35 g geriebener Parmesan

KNUSPRIGER BACKFISCH MIT SCHNELLER SAUCE TARTARE

ZUBEREITUNG: 15 MIN. // GARZEIT: 15 MIN. // FÜR 4 PERSONEN

½ TL Salz
Weizenmehl zum Wenden
2 Eier
60 g Panko (japanische Panade,
    Asienladen, ersatzweise
    Semmelbrösel)
4 Stücke weißes Fischfilet à 100 g
    (z. B. Seelachs, Seehecht)
Oliven- oder Pflanzenöl zum
    Frittieren
Zitronenspalten zum Servieren
Pommes frites (siehe S. 169)
    zum Servieren
Fenchel-Orangen-Salat
    (siehe S. 160) zum Servieren

FÜR DIE SAUCE TARTARE
150 g Mayonnaise
    (gutes Fertigprodukt)
1 EL glatte Petersilie, gehackt
1 EL kleine Kapern, gehackt
1 EL Cornichons, gehackt
Abgeriebene Schale und Saft
    von 1 Bio-Zitrone

1. Für die Sauce tartare alle Zutaten in einer Schüssel verrühren und beiseitestellen.
2. In einem tiefen Teller Salz und Mehl mischen. In einem zweiten die Eier leicht verquirlen. In einen dritten Panko oder Semmelbrösel geben. Die Fischfilets nacheinander zuerst im Mehl wenden (überschüssiges Mehl abklopfen), dann im Ei und zuletzt in den Bröseln, sodass sie vollständig von Panade umhüllt sind.
3. Ca. 5 Millimeter hoch Öl in eine große Pfanne geben. Das Öl bei mittlerer Temperatur erhitzen – es soll heiß sein, aber nicht rauchen. 2 Fischstücke hineingeben und ca. 3 Minuten frittieren, bis die Panade goldbraun wird. Mit einem Pfannenwender (nicht mit einer Zange!) vorsichtig umdrehen und von der anderen Seite ebenfalls ca. 3 Minuten frittieren. Herausnehmen und auf Küchenpapier entfetten. Die übrigen Filets ebenso zubereiten.
4. Den Fisch mit Zitronenspalten, Sauce, Pommes frites und Fenchel-Orangen-Salat servieren.

Früher habe ich für Brathähnchen immer eine Extra-Füllung gemacht, aber dann habe ich mir von Jamie Oliver abgeguckt, einfach eine Zitrone hineinzustecken. Das geht tausendmal schneller! Falls ihr noch nie Bratensauce selbst gemacht habt, probiert es unbedingt mal aus. Und falls ihr doch Fertigpackungszeug nehmt, dann gießt wenigstens nachher den Bratensatz aus dem Bräter rein, damit es schön hähnchenig wird. (Ja, das ist ganz bestimmt ein richtiges Wort, da bin ich mir ziemlich sicher. Aber schlagt es am besten trotzdem nicht nach.)

BRATHÄHNCHEN MIT ECHTER BRATENSAUCE

ZUBEREITUNG: 30 MIN. // GARZEIT: 1 STD. 25 MIN. // FÜR 4 PERSONEN

1 Hähnchen à 1,8 kg (am besten aus Freilandhaltung)
1 Bio-Zitrone
3 große Knoblauchzehen, geschält
1 TL Thymianblättchen
2 EL Olivenöl
¼ TL Salz

Frisch gemahlener schwarzer Pfeffer
3 Zwiebeln, halbiert

FÜR DIE BRATENSAUCE
1 EL Weizenmehl
2 EL trockener Weißwein
1 l gute Hühnerbrühe
40 g Butter, in Stückchen

1. Den Backofen auf 190 °C (Umluft 170 °C) vorheizen. Das Hähnchen kalt abbrausen und mit Küchenpapier trocken tupfen. Die Zitronenschale in eine kleine Schüssel abreiben, den Knoblauch dazupressen und mit Thymian, Olivenöl, Salz und Pfeffer mischen. Das Hähnchen mit der Paste einreiben, dabei größere Stückchen vor allem auf der Brust verteilen. Die abgeriebene Zitrone ein paar Male mit einem Messer einstechen und in die Bauchhöhle des Hähnchens schieben. (Falls noch Thymianzweige übrig sind, könnten die auch mit rein.)
2. Einen Bräter einfetten, die Zwiebelhälften mit der Schnittfläche nach unten darin verteilen und das Hähnchen daraufsetzen. Alles im Ofen ca. 1 Stunde 10 Minuten garen. Ob das Hähnchen fertig ist, prüft ihr, indem ihr mit einem Messer in die Innenseite eines Schenkels stecht, und zwar da, wo er am Körper sitzt. Wenn die austretenden Säfte klar bleiben, ist das Hähnchen gar.
3. Das fertige Brathähnchen mit der Brustseite nach unten auf ein Schneidebrett legen und ca. 10 Minuten ruhen lassen, damit sich die Säfte im Inneren gut verteilen können.
4. Für die Bratensauce den größten Teil des Fetts aus dem Bräter weggießen – es sollten ca. 2 Esslöffel voll übrig bleiben. Den Bräter auf dem Herd bei hoher Temperatur erhitzen. Das Mehl mit einem Holzlöffel einrühren. Dabei den Bratensatz lösen und die Zwiebeln etwas zerdrücken. Das Mehl ca. 2 Minuten anschwitzen, dann mit dem Wein ablöschen und einkochen lassen. 60 ml Brühe zugeben und so lange rühren, bis sich etwaige Klümpchen aufgelöst haben. Erst jetzt die übrige Brühe zugießen, alles aufkochen und unter ständigem Rühren köcheln lassen. Sobald die Sauce etwas eindickt, die Butterstückchen einrühren. (Falls ihr eine sehr glatte Sauce möchtet, könnt ihr sie durch ein feines Sieb gießen.)
5. Das Hähnchen tranchieren: dazu von der Brustseite aus längs halbieren und die Rippen direkt neben der Wirbelsäule durchtrennen. Eine Hälfte mit der Schnittfläche auf das Brett legen, den Schenkel leicht anheben und vom Körper abtrennen. Mit der anderen Hälfte ebenso verfahren. Das Hähnchen mit der Sauce servieren.

Brathähnchen, Seite 66

Hähnchen-Pilz-Pies, Seite 70

Diese kleinen Pastetchen stecken voller Aroma – damit sie nicht ganz so schwer sind, serviert ihr sie am besten mit was Frischem wie einem Salat. Ihr habt keine kleinen Förmchen? Dann macht ihr einfach eine große Pie.

HÄHNCHEN-PILZ-PIES

ZUBEREITUNG: 30 MIN. // GARZEIT: 50 MIN. PLUS ABKÜHLZEIT
FÜR 4 PERSONEN

6 quadratische Scheiben
  TK-Blätterteig (ca. 270 g)
1 EL Olivenöl
3 Scheiben Frühstücksspeck
  (Bacon), in Streifen
2 EL Weizenmehl
Salz, Pfeffer
700 g Hähnchenfleisch, in 2 cm
  großen Würfeln
300 g braune Champignons,
  je nach Größe in 4 oder
  mehr Stücke geschnitten
3 Knoblauchzehen, fein gehackt
30 g Butter

1 TL Thymianblättchen
Abgeriebene Schale von
  1 Bio-Orange
60 ml Weißwein
10 g getrocknete Steinpilze,
  in 2 EL heißem Wasser
  eingeweicht (nach Belieben,
  siehe Tipp)
¼ l gute Hühnerbrühe
1 Ei, leicht verquirlt

GETROCKNETE STEINPILZE
GIBT ES IM SUPERMARKT.
SCHAUT MAL IN DER NÄHE
DES GEWÜRZREGALS.

IHR KÖNNT STATTDESSEN AUCH EINE
GROSSE PIE MACHEN: IN EINER AUFLAUF-
FORM, DIE CA. 1 LITER FASST. WIE IM REZEPT
BESCHRIEBEN GOLDBRAUN BACKEN.

1. Den Backofen auf 200 °C vorheizen (besser ohne Umluft). Die Blätterteigscheiben nebeneinander auf der Arbeitsfläche auftauen lassen.

2. Das Öl in einem Topf mit dickem Boden bei hoher Temperatur erhitzen. Den Speck zugeben und ca. 2 Minuten goldbraun ausbraten. Herausnehmen, aber das ausgelassene Fett im Topf lassen.

3. Das Mehl mit Salz und Pfeffer würzen. Die Fleischwürfel darin wälzen und in den Topf geben. Das Hähnchenfleisch in ca. 5 Minuten goldbraun anbraten, die Pilze zugeben und unter gelegentlichem Rühren weitere 5 Minuten mitbraten.

4. Den Knoblauch unterrühren. Butter, Thymian und Orangenschale zugeben und alles gut vermischen. Sobald die Butter geschmolzen ist, den Weißwein angießen und einkochen lassen, bis fast die gesamte Flüssigkeit verdampft ist. Falls verwendet, die Steinpilze grob hacken und mit der Einweichflüssigkeit zufügen.

5. Die Temperatur reduzieren und den Speck wieder in den Topf geben. Die Hühnerbrühe zugießen und alles bei mittlerer Hitze ca. 5 Minuten köcheln lassen, bis die Flüssigkeit etwas andickt. Den Topf vom Herd nehmen und alles mit Salz und Pfeffer abschmecken.

6. Die Blätterteigscheiben leicht überlappend nebeneinanderlegen und zu einer etwas größeren Teigplatte ausrollen. 4 Förmchen (Fassungsvermögen ¼ Liter) bereitstellen. Eines als Schablone benutzen und aus der Teigplatte vier Kreise ausschneiden, die rundum 1 Zentimeter größer sind als das Förmchen. Mit einem Backpinsel die Ränder der Förmchen mit dem verquirlten Ei bestreichen. Das Hähnchen-Pilz-Ragout auf die Förmchen verteilen und mit einem Löffelrücken für eine gleichmäßige Oberfläche sorgen. Die Blätterteigkreise über den Rand legen und andrücken, die Oberfläche mit dem restlichen Ei bestreichen und in jeden Teigdeckel mit einem Messer ein kleines Kreuz ritzen, damit der Dampf entweichen kann. Die Pasteten im Ofen in ca. 25 Minuten goldbraun backen. Vor dem Servieren 5 Minuten abkühlen lassen.

Bolognesesauce ist eines der ersten Gerichte, an die ich mich erinnern kann. Wahrscheinlich gibt es eine Million verschiedene Rezepte dafür, und ihr könnt meins gerne abwandeln. Wenn ihr irgendeine Gemüsesorte weglassen oder reines Rinderhack verwenden wollt – kein Problem! Man kann diese Sauce als Grundlage für alle möglichen anderen Gerichte benutzen (siehe S. 73–75), daher lohnt es sich, gleich eine größere Menge zu machen. Sie lässt sich nämlich perfekt einfrieren.

BOLOGNESE DREIMAL ANDERS: GRUNDREZEPT

ZUBEREITUNG: 20 MIN. // GARZEIT: 35 MIN. // FÜR 4 PERSONEN

2 EL Olivenöl
3 Scheiben Frühstücksspeck
  (Bacon), in Streifen
2 Zwiebeln, fein gewürfelt
1 große Möhre, fein gewürfelt
1 Stange Staudensellerie,
  fein gewürfelt
3 Knoblauchzehen, fein
  geschnitten
2 EL Tomatenmark
600 g gemischtes Hackfleisch
  (Rind/Schwein)
⅛ l Rotwein
800 g stückige Tomaten (Dose)
Salz, Pfeffer

1. Im größten Topf, den ihr besitzt, das Öl bei mittlerer Temperatur erhitzen. Den Speck zugeben und in 2–3 Minuten goldbraun anbraten. Zwiebeln, Möhre, Sellerie und Knoblauch zufügen und ca. 5 Minuten anschwitzen, dabei gelegentlich umrühren. Das Tomatenmark zum Gemüse geben und unter Rühren ebenfalls ca. 2 Minuten anbraten.

2. Die Temperatur erhöhen. Das Hackfleisch in den Topf geben und rundum anbraten, bis es braun und krümelig aussieht. Dabei mit dem Kochlöffel oder Pfannenwender nachhelfen. Den Wein angießen, kurz bei hoher Temperatur kochen lassen, dann die Tomaten zugeben. Alles einmal aufkochen, anschließend die Hitze wieder reduzieren und die Sauce ca. 20 Minuten köcheln lassen, bis sie leicht angedickt ist. Mit Salz und Pfeffer würzig abschmecken.

Béchamelsauce ist dieses kleisterartige weiße Zeug in der Lasagne, das nicht nur echt Arbeit macht, sondern auch noch langweilig nach Mehl schmeckt, egal wie lange man die Sauce kochen lässt. Wenn ihr stattdessen Mozzarella und Crème fraîche benutzt, geht's schneller, und das Ergebnis wird einfach superlecker.

LASAGNE OHNE BÉCHAMEL

ZUBEREITUNG: 15 MIN. // GARZEIT: 30 MIN. // FÜR 4 PERSONEN

1. Den Backofen auf 190 °C (Umluft 170 °C) vorheizen.
2. In einer weiten Auflaufform ein Drittel der Bolognese verteilen. Darüber so viele Lasagneplatten legen, bis alles bedeckt ist (brecht die Platten ruhig passend zurecht). Die Nudeln mit einem Drittel der Crème fraîche bestreichen und mit der Hälfte des Mozzarellas bestreuen. Auf die gleiche Weise zwei weitere Schichten „bauen". Obenauf den übrigen Mozzarella und den Parmesan streuen und alles pfeffern.
3. Die Lasagne ca. 30 Minuten im heißen Ofen backen, bis die Nudeln gar sind und der Käse zu einer schönen goldenen Kruste zerlaufen ist. Vor dem Anschneiden und Servieren 5 Minuten abkühlen lassen.

1 Rezept Bolognese
(siehe linke Seite)
375 g Lasagneplatten
(ohne Vorkochen)
400 g Crème fraîche
190 g Mozzarella, grob geraspelt
(davon ⅓ zum Bestreuen beiseitelegen)
70 g geriebener Parmesan
Frisch gemahlener schwarzer Pfeffer

Würzige Bolo und eine dicke Schicht fluffiges Kartoffelpüree – das ist der Stoff, aus dem die Träume sind! Na ja, vielleicht nicht ganz – aber mit einer Portion Shepherd's Pie kann man mich ziemlich glücklich machen.

SHEPHERD'S PIE

ZUBEREITUNG: 15 MIN. // GARZEIT: 30 MIN. // FÜR 4–6 PERSONEN

1. Den Backofen auf 200 °C (Umluft 180 °C) vorheizen.
2. Die Bolognese in eine Auflaufform (Fassungsvermögen 3 Liter; alternativ kleine Förmchen) geben, das Kartoffelpüree darüber verteilen und mit dem Parmesan bestreuen. In ca. 20 Minuten goldbraun backen. Vor dem Servieren 5 Minuten abkühlen lassen.

1 Rezept Bolognese (siehe S. 72)
1 Rezept Basis-Kartoffelpüree (siehe S. 168)
70 g geriebener Parmesan

SPAGHETTI BOLOGNESE

ZUBEREITUNG: 5 MIN. // GARZEIT: 10 MIN. // FÜR 4 PERSONEN

1. Reichlich Wasser in einem großen Topf zum Kochen bringen. Die Nudeln hineingeben, umrühren und nach Packungsanweisung al dente kochen. Abgießen und mit der Bolognese mischen.
2. Die Basilikumblättchen und die Hälfte des Parmesans unterrühren. Auf Schalen oder Teller verteilen und mit dem übrigen Parmesan bestreuen.

1 Rezept Bolognese (siehe S. 72)
400 g Spaghetti
4 Stängel Basilikum, Blättchen abgezupft
70 g geriebener Parmesan

Ich bin in einem mehr oder weniger fleischlosen Haushalt aufgewachsen.
Dieses Gericht war ein echter Familienliebling: einfach, lecker und meine
Mum hat sich gefreut, dass wir Spinat essen.

SPINAT-RICOTTA-CANNELLONI

ZUBEREITUNG: 25 MIN. // GARZEIT: 45 MIN.
FÜR 2 PERSONEN (MIT RESTEN FÜR MORGEN) ODER FÜR 4 MIT EINEM SALAT

250 g Babyspinat (ersatzweise
  TK-Blattspinat, aufgetaut)
500 g Ricotta (siehe Tipp)
35 g geriebener Parmesan
75 g geriebener Schnittkäse
  (z. B. Gouda oder Cheddar)
2 Eigelb
Abgeriebene Schale von 1 großen
  Bio-Zitrone
5 Knoblauchzehen, geschält
Salz, Pfeffer
16 Cannelloni (Trockenpasta)
690 g passierte Tomaten oder
  fertiges Tomatensugo
  (falls nötig mehr)

RICOTTA
BEKOMMT IHR
IM KÜHLREGAL
DES SUPER-
MARKTES.

1. Den Backofen auf 180 °C (Umluft 160 °C)
vorheizen. Für die Füllung reichlich Wasser
in einem Topf zum Kochen bringen und den
frischen Babyspinat darin in ein paar Sekunden zusammenfallen lassen. Abgießen, kalt
abschrecken und abtropfen lassen. Ab hier
geht's auch für TK-Spinat weiter: Den frischen
oder aufgetauten Spinat gut ausdrücken und
grob hacken.

2. In einer großen Schüssel den Spinat mit
Ricotta, Parmesan, einem Drittel Schnittkäse,
Eigelben und Zitronenschale mischen. Den
Knoblauch dazupressen und alles kräftig mit
Salz und Pfeffer würzen. Die Cannelloni mit
der Masse füllen, dabei entweder einen Löffel,
einen Spritzbeutel oder einfach die Finger
benutzen. Jedes Röllchen bis zum Rand füllen.
Auf den Boden einer großen Auflaufform, in
die alle Cannelloni in einer Lage hineinpas-
sen (ca. 3 Liter Fassungsvermögen), etwas von
den passierten Tomaten gießen. Die Röllchen
nebeneinander darauflegen und mit den
übrigen passierten Tomaten bedecken. Falls
nötig, mehr Tomaten verwenden. Mit dem
übrigen Käse bestreuen und 40–45 Minuten
im Ofen backen, bis die Nudeln weich sind.

KÜRBIS-RIND-TAJINE

ZUBEREITUNG: 30 MIN. // GARZEIT: 2 STD. 30 MIN. // FÜR 4 PERSONEN

2½ EL Olivenöl

1 kg Rindfleisch (Nacken),
  von Fett und Sehnen befreit,
  in 3 cm großen Würfeln

Salz

2 rote Zwiebeln, in Spalten

3 Knoblauchzehen, geschält

1 EL gemahlener Kreuzkümmel
  (Cumin)

1 EL gemahlener Koriander

1 EL Paprikapulver (edelsüß)

2 TL Zimt

1 l gute Rindfleischbrühe

500 g Butternut-Kürbis, ohne
  Schale und Samen,
  in 1,5 cm großen Würfeln

85 g Rosinen

1 EL Honig

Pfeffer

190 g Couscous (Instant)

20 g Mandelblättchen, geröstet
  (siehe Tipp)

½ Bund Koriandergrün oder glatte
  Petersilie, Blättchen abgezupft

1. Den Backofen auf 150 °C (Umluft 135 °C) vor-heizen. 2 Esslöffel Öl in einem großen Bräter oder einem ofenfesten Topf mit Deckel erhit-zen. Das Fleisch salzen und ein Drittel davon im Öl bei hoher Temperatur ca. 2 Minuten pro Seite gut anbräunen. Herausnehmen, beiseitestellen und die übrigen zwei Drittel ebenso braten.

2. Die Temperatur reduzieren. Zwiebeln und gepressten Knoblauch in den Bräter geben und ca. 5 Minuten bei mittlerer Hitze an-schwitzen. Die Gewürze zugeben und 1 Minu-te mitschwitzen. Das Fleisch wieder zufügen, alles gut verrühren, die Brühe angießen und aufkochen. Zugedeckt im Ofen ca. 1 Stunde 30 Minuten schmoren, bis das Fleisch zart ist.

3. Den Bräter aus dem Ofen nehmen. Kürbis, Rosinen und Honig unterrühren und weitere 30 Minuten im Ofen garen. Falls die Sauce zu dünn ist, alles auf dem Herd ohne Deckel etwas einkochen lassen. Mit Salz und Pfeffer abschmecken.

4. Inzwischen den Couscous in einer großen, hitzefesten Schüssel mit dem übrigen Öl mischen. ¼ Liter Wasser aufkochen, darüber-gießen und 1 Minute ziehen lassen. Mit einer Gabel auflockern, weiter ziehen lassen. So fortfahren, bis der Couscous gar und körnig ist, dann salzen und pfeffern.

6. Die Tajine mit Mandeln und Kräutern be-streuen und mit dem Couscous servieren.

MANDELN ZUM RÖSTEN AUF EINEM BACKBLECH AUSBREITEN UND IM OFEN BEI 180 °C IN CA. 5 MINUTEN GOLDBRAUN WERDEN LASSEN.

Als ich klein war, sind mein Kumpel Kyle und ich nach Basketball-spielen immer bei ihm zu Hause gelandet. Weil wir halb verhungert waren, hat seine Mum uns dann Nudeln gemacht und als Nachtisch Schokotörtchen mit Eis – das wurde ein richtiges Ritual. Wir haben damals immer sämtliche Törtchen verdrückt, obwohl die Portion für sechs berechnet war! Das hier ist meine Version. Die Schokolade sollte in der Mitte noch ein bisschen weich sein. Dunkle Schoki ist Bedin-gung. Mit Milchschokolade wird's einfach zu süß.

SCHOKOTÖRTCHEN NACH ART VON KYLES MUM

ZUBEREITUNG: 25 MIN. // BACKZEIT: 10–14 MIN. // FÜR 4 TÖRTCHEN

1. Den Backofen auf 180 °C vorheizen (besser ohne Umluft). 4 Keramikförmchen (ca. 310 ml Fassungsvermögen) mit Butter ausstreichen.
2. Schokolade und Butter in einer Metallschüs-sel über einem Topf mit kochendem Wasser schmelzen – der Schüsselboden sollte das Wasser nicht berühren. In einer zweiten Schüssel Eier, Eigelbe und Zucker mit einem Schneebesen vermischen.
3. Die Schokolade mit der Eimasse verrühren. Das Mehl unterheben. Die Förmchen jeweils zu zwei Dritteln füllen. Wenn ihr die Törtchen nicht gleich backen wollt, einfach abgedeckt kühl stellen. Sie brauchen dann im Ofen ein paar Minuten länger.
4. Die Törtchen 10–14 Minuten backen, bis sie am Rand fest und in der Mitte weich, aber nicht mehr flüssig sind. Kurz abkühlen lassen, dann mit einer großen Kugel Eis servieren.

50 g Butter, in Stückchen, plus Butter für die Förmchen
150 g gute Bitterschokolade (am besten 70 % Kakaoanteil), gehackt
3 Eier
3 Eigelb
170 g feiner Zucker
2 EL Weizenmehl
Vanilleeis (Fertigprodukt) zum Servieren

Lasst euch bloß nicht von dem Namen abschrecken! Diese Baked Beans haben absolut nichts mit dem Zeug in Dosen zu tun. Na ja, besonders griechisch sind sie auch nicht (noch nicht mal gebacken, wenn ich ehrlich sein soll), aber der Feta gibt ihnen irgendwie was Mediterranes. Sie machen sich super zum Frühstück oder abends, vielleicht noch gekrönt mit einem pochierten Ei oder ein paar Avocadoscheiben auf Toast.

BAKED BEANS AUF GRIECHISCH

ZUBEREITUNG: 20 MIN. // GARZEIT: 20 MIN. // FÜR 4 PERSONEN

1. Das Öl in einem großen Topf bei mittlerer Temperatur erwärmen. Den Speck hineingeben und in 2–3 Minuten goldbraun anbraten. Möhre, Sellerie, Zwiebel und Knoblauch zufügen und unter gelegentlichem Rühren anschwitzen, bis die Zwiebel glasig wird. Die Tomaten in den Topf geben und alles köcheln lassen, bis die Mischung nicht mehr wässrig wirkt, sondern leicht andickt.
2. Die Bohnen einrühren und alles gut mit Salz und Pfeffer würzen. Das Gericht mit Schafskäse und Petersilie bestreuen und mit dem Brot servieren.

1 EL Olivenöl
3 Scheiben Frühstücksspeck (Bacon), in 5 mm breiten Streifen
1 Möhre, fein gewürfelt
1 Stange Staudensellerie, fein gewürfelt
1 Zwiebel, fein gewürfelt
2 Knoblauchzehen, fein geschnitten
800 g stückige Tomaten (Dose)
2 Dosen weiße Bohnen oder Kichererbsen (à 400 g Füllgewicht)
Salz, Pfeffer
100 g Schafskäse, zerkrümelt, zum Bestreuen
½ Bund glatte Petersilie, Blättchen abgezupft und gehackt
Getoastetes Weißbrot zum Servieren

Das Beste an diesem Eis? Dass man keine Eismaschine braucht, um es zu machen, weil es nämlich im Tiefkühler schon supercremig wird. In unserer Familie gab's das häufig, weil es so einfach war, dass meine Schwester und ich es schon als Kind selber machen konnten. Außerdem lässt es sich ziemlich leicht abwandeln, mit den zerbröselten Lieblingsschokoriegeln zum Beispiel. Eigentlich kann man alles reinwerfen (außer einer Lammkeule vielleicht). Echt lecker sind zum Beispiel Nüsse oder das Fruchtfleisch von sechs bis acht Maracujas.

COOKIES-'N'-CREAM-EISCREME

ZUBEREITUNG: 10 MIN. PLUS 3–4 STD. GEFRIERZEIT // FÜR 4–6 PERSONEN

600 ml Sahne
400 g gezuckerte Kondensmilch (Dose)
150 g Schokokekse (z. B. Oreos)

1. In einer großen Schüssel die Sahne mit den Quirlen des Handrührgeräts steif schlagen, dann die gezuckerte Kondensmilch unterrühren.

2. Die Kekse in einen Gefrierbeutel geben und mit einer Teigrolle oder einem Stieltopf zerbröseln. Die Kekskrümel unter die Sahnemischung heben. Alles in eine Plastikdose mit Deckel geben, verschließen und in 3–4 Stunden tiefgefrieren lassen. Die Eiscreme hält sich im Tiefkühler etliche Tage lang.

KOCHEN FÜR DIE HUNGRIGE MEUTE

Ehrlich, ich koche supergern für andere Leute. Essen ist für mich mehr als nur Nahrungsaufnahme – es hat definitiv was Verbindendes. Denkt nur mal an besondere Anlässe: Meine schönsten Weihnachtserinnerungen haben nichts mit Geschenken zu tun, sondern damit, dass alle, die ich gern habe, um einen Tisch herumsitzen. Als ich sechzehn war, starb mein Vater. Die meisten Leute wussten nicht wirklich, was sie sagen sollten. Also haben sie versucht, uns mit Essen zu unterstützen – ich glaube, ich habe noch nie solche Mengen von Aufläufen und Kuchen gesehen! Es gibt nicht viel, was uns alle verbindet, aber essen muss jeder.

Dieses Kapitel enthält Rezepte, die sich besonders dazu eignen, viele Leute auf einmal zu bekochen. Für manche muss man noch nicht mal Besteck hinlegen, was immer dann großartig ist, wenn spontan abends ein paar Freunde vorbeikommen. Manchmal kommt aber auch an einem faulen Sonntagnachmittag was Süßes wie gerufen. Oder ihr bekocht eure Mitbewohner zwischendurch mit einem Eintopf oder veranstaltet eine Burrito-Party, bevor ihr euch ins Nachtleben stürzt.

Füttert eure Freunde mit diesen scharfen Teilen, und sie werden euch lieben! Hauptsache, ihr habt genug Bier im Kühlschrank, um das Chilifeuer zu löschen. Besteck braucht ihr dafür nicht – hier könnt ihr euch mal so richtig schön die Hände dreckig machen!

SCHARF-SÜSSE CHICKENWINGS

ZUBEREITUNG: 20 MIN. PLUS 2 STD. MARINIERZEIT
GARZEIT: 45 MIN. // FÜR 4 PERSONEN ALS SNACK

1 kg Hähnchenflügel

FÜR DIE MARINADE
60 ml Tomatenketchup
2 gehäufte EL brauner Zucker
60 ml Sojasauce
1 EL geräuchertes Paprikapulver
   (spanische Delikatessenläden,
   ersatzweise edelsüßes
   Paprikapulver)
1 EL gemahlener Kreuzkümmel
   (Cumin)
1 EL gemahlener Koriander
1½ TL Cayennepfeffer
½ TL frisch gemahlener schwarzer
   Pfeffer
½ TL Salz
2 EL Dijonsenf

1. Alle Zutaten für die Marinade in einer Schüssel verrühren.
2. Die Hähnchenflügel in eine flache Form (nicht aus Metall) legen und mit der Marinade begießen. Die Form mit Frischhaltefolie abdecken und für 2 Stunden in den Kühlschrank stellen. Wann immer ihr daran denkt, könnt ihr die Hähnchenflügel in der Marinade wenden.
3. Den Backofen auf 210 °C (Umluft 190 °C) vorheizen. Die Hähnchenflügel aus der Marinade nehmen und schön nebeneinander in eine große Auflaufform legen – wenn sie übereinanderliegen, garen sie nicht gleichmäßig. Im heißen Ofen 40–45 Minuten braten, bis das Fleisch gar ist. Nach Belieben die Chickenwings zwischendurch einmal wenden und mit der Marinade bestreichen. Ich persönlich vergesse das aber meistens.

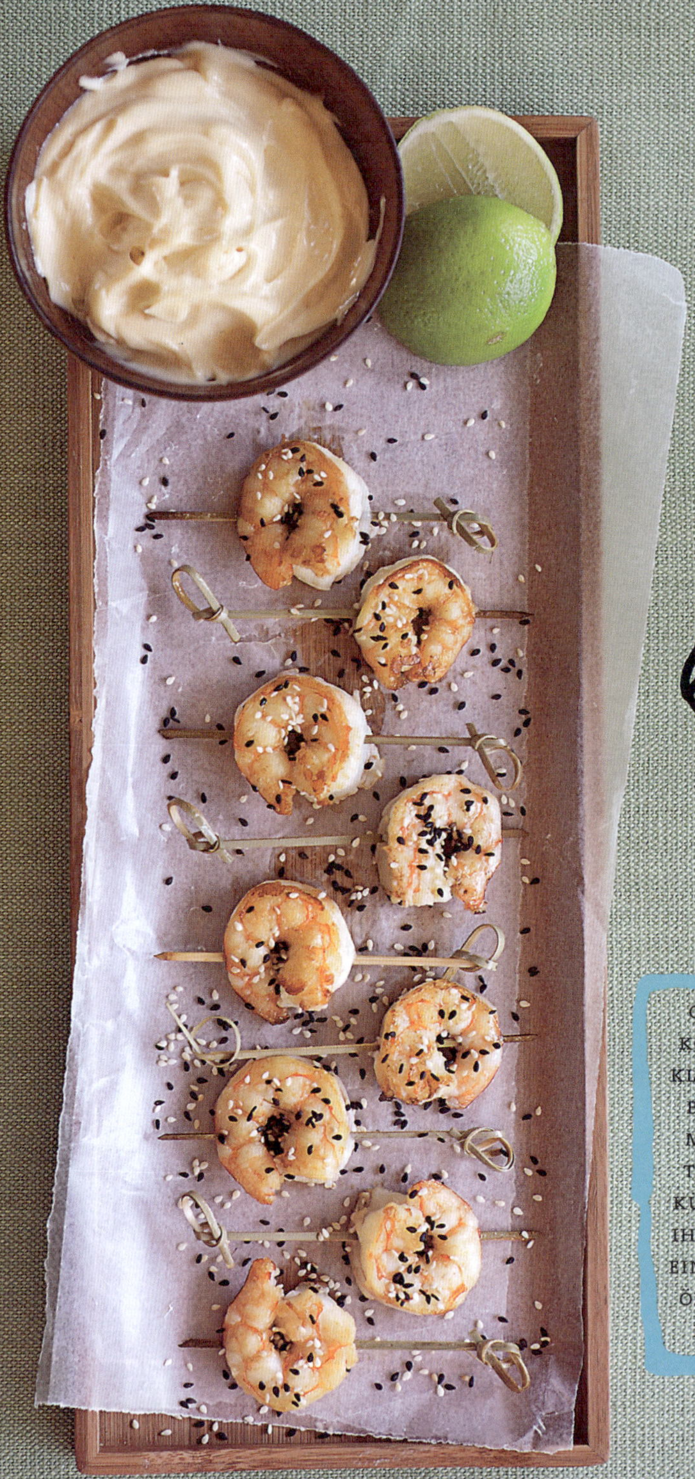

OHNE KÜCHENMASCHINE KÖNNT IHR DIE MAYO AUCH KLASSISCH MIT DEM SCHNEEBESEN IN EINER SCHÜSSEL MACHEN. LEGT EIN FEUCHTES, ZUSAMMENGEROLLTES KÜCHENTUCH UNTER, DAMIT IHR BEIDE HÄNDE FREI HABT: EINE ZUM RÜHREN, EINE ZUM ÖLGIESSEN. ABER ACHTUNG: DAS IST ECHT SPORTLICH!

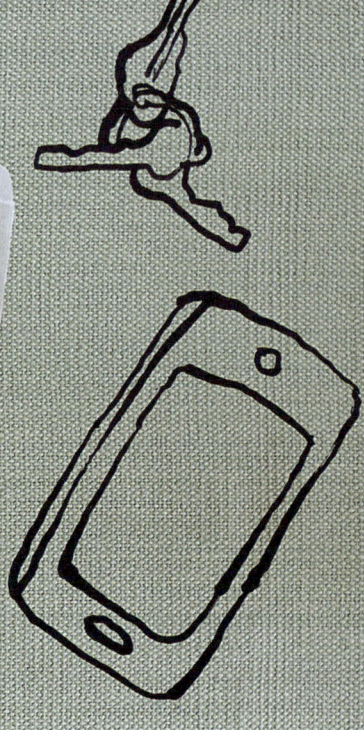

Beim Mayonnaisemachen kann es passieren, dass die Mischung gerinnt, wenn ihr das Öl zu schnell zugebt. Nicht schlimm: Fangt mit einem Eigelb und einem Teelöffel Senf in der Küchenmaschine neu an. Gut verrühren, dann die geronnene Mischung langsam zugeben, bis alles eindickt.

GARNELEN-SPIESSCHEN MIT LIMETTENMAYO

ZUBEREITUNG: 20 MIN. // GARZEIT: 5 MIN.
FÜR 10 PERSONEN ALS SNACK ODER FINGERFOOD
(DAS REZEPT LÄSST SICH LEICHT VERVIELFACHEN)

1. Für die Mayonnaise Eigelbe, Senf und Limettensaft mit 1 Prise Salz in einen Mixer oder eine Küchenmaschine geben (siehe Tipp). Alles 30 Sekunden lang zu einer glatten Creme mixen. Jetzt bei laufendem Motor in sehr dünnem Strahl das Öl einlaufen lassen, bis die Mayonnaise weiß und fest ist. Und mit „sehr dünnem Strahl" meine ich: wirklich langsam, anfangs am besten nur tropfenweise. Sobald die Hälfte des Öls untergemischt ist, könnt ihr schneller gießen. Wie viel Öl ihr braucht, hängt von der Größe der Eier ab – Hauptsache, die Mayo ist nachher schön dick. Zum Schluss das Sesamöl untermischen und die Mayo mit Salz würzen.

2. Auf jedes Spießchen eine Garnele stecken. Eine Brat- oder Grillpfanne stark erhitzen, mit dem Öl auspinseln und die Garnelen darin pro Seite ca. 1 Minute braten. Salzen, auf einen Teller legen und mit Sesam bestreuen. Mit Mayo und Limettenschnitzen servieren.

30 kleine Cocktailspießchen oder Zahnstocher
30 rohe, geschälte Riesengarnelen (ggf. am Rücken einritzen und schwarzen Darmfaden herausziehen)
2 EL Pflanzenöl
1 TL helle Sesamsamen, in der trockenen Pfanne angeröstet
1 TL schwarze Sesamsamen (Bio- oder Asienladen), ebenfalls angeröstet
Limettenschnitze zum Servieren

FÜR DIE LIMETTENMAYONNAISE
2 Eigelb
2 TL Dijonsenf
1½ EL Limettensaft
Salz
¼ l Pflanzenöl
¼ TL geröstetes Sesamöl (Asienladen)

PULLED-PORK-BRÖTCHEN MIT KRAUTSALAT

ZUBEREITUNG: 15 MIN. // GARZEIT: 3 STD. // FÜR 12 STÜCK

1 Stück Schweineschulter
à 1,5 kg, ohne Knochen,
mit Schwarte
2 TL Salz
2 EL Pflanzenöl
150–200 ml Hoisinsauce
(Asienladen; nach Belieben
mehr zum Servieren)

FÜR DEN KRAUTSALAT
½ Chinakohl
3 Möhren, geputzt und geschält
3 Frühlingszwiebeln, geputzt
Thai-Dressing (siehe S. 156),
dreifache Menge

ZUM SERVIEREN
12 Weizenbrötchen
1 Minigurke, in dünnen Scheiben
Mayonnaise (nach Belieben,
siehe Tipp)

1. Den Backofen auf 180 °C (Umluft 160 °C) vorheizen. Ein Backblech mit Alufolie auslegen. Das Fleisch trocken tupfen und rundum mit Salz und etwas Öl einreiben. Den Braten auf das Blech legen und die Folie dicht darüber verschließen. Das Fleisch im Ofen ca. 3 Stunden garen, bis es förmlich zerfällt. Etwas abkühlen lassen, dann Schwarte, Sehnen und Fett abschneiden. Das Fleisch mit zwei Gabeln zerpflücken.

2. Dann mit der Hoisinsauce mischen, und zwar im Verhältnis 5:1. (Nach dem Zupfen wiegen und das Gewicht durch fünf teilen – so viel Hoisinsauce müsst ihr zugeben. Oder ihr macht's nach Geschmack.)

3. Für den Krautsalat den Chinakohl putzen und den Strunk herausschneiden. Jeweils ein paar Blätter zu einer dicken „Zigarre" aufrollen und davon superdünne Scheiben abschneiden. Die Möhren mit einer Mandoline oder Reibe zu streichholzdünnen Streifen zerkleinern. Die Frühlingszwiebeln schräg schneiden. Das Gemüse mit dem Dressing mischen.

4. Zum Servieren die Brötchen aufschneiden und auf dem Toaster oder unter dem Backofengrill leicht anrösten. Fleisch und Krautsalat auf die unteren Hälften türmen, mit Gurke und oberen Hälften abdecken und mit Mayo oder Hoisinsauce servieren.

ZU DIESEN SANDWICHES
SCHMECKT AM BESTEN
JAPANISCHE MAYO, SIEHE S. 51.

Diese Suppe könnte ich schüsselweise schlürfen. Im Grunde ist es chinesische Hühnersuppe, aber mir geht es dabei weniger um Huhn oder Nudeln als um die Brühe, die einfach umwerfend schmeckt! Ihr könnt sie auch für andere Sachen verwenden: Löscht damit zum Beispiel mal ein Wokgericht ab – das gibt ein unglaubliches Aroma.

CALS LIEBLINGSSUPPE

ZUBEREITUNG: 30 MIN. PLUS ABKÜHLZEIT // GARZEIT: 1 STD. 30 MIN.
FÜR 6 PERSONEN

1 Suppenhuhn à ca. 1,8 kg
   (am besten aus Freilandhaltung)
15 g frischer Ingwer, geschält
   und gehackt
3 Knoblauchzehen, gehackt
½ Bund Koriandergrün, Blätter
   abgezupft, Stängel und
   Wurzeln grob gehackt
5 Frühlingszwiebeln, geputzt,
   3 davon in schrägen Stücken
375 ml chinesischer Kochwein
   (siehe Tipp S. 46)
⅛ l helle Sojasauce
2 Zimtstangen
4 Stück Sternanis
270 g japanische Somen-Nudeln
   (siehe Tipp)

1. Das Huhn abbrausen und mit Küchenpapier trocken tupfen. Mit der Brustseite nach unten in einen sehr großen Topf legen und knapp mit Wasser bedecken. Alle Zutaten bis auf die geschnittenen Frühlingszwiebeln, die Korianderblättchen und die Nudeln zugeben und zum Kochen bringen. Herunterschalten und die Brühe bei niedriger Temperatur ca. 1 Stunde 15 Minuten gerade köcheln lassen (es reicht, wenn hin und wieder eine Blase aufsteigt). Zwischendurch gelegentlich den Schaum abschöpfen.
2. Sobald das Fleisch gar ist, das Huhn mit einer Zange aus dem Topf heben und etwas abkühlen lassen.
3. In der Zwischenzeit in einem großen Topf die Nudeln in reichlich kochendem Wasser nach Packungsanweisung garen. Abgießen und mit kaltem Wasser abschrecken.
4. Das Hühnerfleisch ablösen und grob zerpflücken. Die Brühe durch ein feines Sieb gießen und feste Bestandteile wegwerfen.
5. Nudeln und Hühnchen auf Suppenschüsseln verteilen. Die Brühe darüberschöpfen und mit Frühlingszwiebeln und Korianderblättchen bestreuen.

JAPANISCHE SOMEN-NUDELN GIBT ES IN ASIENLÄDEN. ERSATZ: SEHR DÜNNE SPAGHETTINI.

Das ist ein vegetarisches Curry, aber überzeugte Fleischesser können natürlich auch kurz vor dem Gemüse etwas gewürfeltes Hähnchenfleisch mit in den Topf werfen. Kürbis und Kichererbsen könnt ihr gegen andere Gemüsesorten austauschen. Was aber wichtig ist: Schwitzt Zwiebel und Gewürze ziemlich lange bei wirklich niedriger Temperatur an. Hitze raufschalten gilt nicht – dann geht nämlich Aroma flöten.

INDISCHES KÜRBIS-KICHERERBSEN-CURRY

ZUBEREITUNG: 25 MIN. // GARZEIT: 40 MIN. // FÜR 4 PERSONEN

1. In einem großen Topf das Öl erhitzen und Zwiebel, Garam Masala und Currypulver zugeben. Alles ca. 5 Minuten bei niedriger bis mittlerer Temperatur anschwitzen und häufig umrühren. Knoblauch, Ingwer und Salz einrühren und weitere 5 Minuten mitschwitzen, bis Knoblauch und Ingwer weich sind. Falls die Mischung ansetzt oder anbrennt, etwas mehr Öl hinzufügen.
2. Die Tomaten zugeben und bei hoher Temperatur ca. 5 Minuten einkochen lassen.
3. Kürbis und ¼ Liter Wasser zufügen. Alles mit aufgelegtem Deckel ca. 20 Minuten bei mittlerer Hitze köcheln lassen. Gelegentlich umrühren. Jetzt Kichererbsen und Kokosmilch in den Topf geben und weiterköcheln, bis der Kürbis weich genug ist.
4. Das Curry mit den Korianderblättchen bestreuen und mit Reis, Joghurt, Pappadams und Naan servieren.

2 EL Pflanzenöl
1 Zwiebel, gewürfelt
1½ EL Garam Masala (siehe Tipp)
1½ EL Currypulver
3 Knoblauchzehen, fein gehackt
25 g frischer Ingwer, geschält und fein gehackt
½ TL Salz
400 g stückige Tomaten (Dose)
600 g Butternut-Kürbis, ohne Schale und Samen, in mundgerechten Würfeln
1 Dose Kichererbsen (400 g Füllgewicht)
400 ml Kokosmilch (Dose)
½ Bund Koriandergrün, Blättchen abgezupft

ZUM SERVIEREN
Gekochter Reis (siehe S. 31)
Griechischer Joghurt
Pappadams (Asienladen)
Indisches Naan-Brot (Asienladen)

GARAM MASALA, DIE INDISCHE GEWÜRZMISCHUNG, GIBT ES IM ASIENLADEN.

BURRITO-PARTY TIME!

Sucht euch auf den folgenden Seiten eure Lieblingsfüllung und eine Salsa aus – oder macht gleich alle, wenn noch ein paar Leute vorbeikommen. Abgesehen davon braucht ihr nur noch einen ordentlichen Vorrat an Tortillas und vielleicht noch etwas geriebenen Parmesan oder Schnittkäse (Cheddar zum Beispiel oder Gouda) – das ist vielleicht nicht original mexikanisch, aber was soll's, solange es schmeckt! Außerdem schadet es nicht, saure Sahne oder Schmand im Haus zu haben, falls jemand möchte. Füllungsmäßig ist für mich ja das Neun-Stunden-Schmorfleisch der Favorit. Aber falls ihr nicht den ganzen Tag Zeit habt, schmecken auch das scharfe Hähnchen oder die Kidneybohnen großartig.

ZUM SERVIEREN
Die Füllung eurer Wahl (siehe S. 96–97)
Die Salsa eurer Wahl (siehe S. 100–101)
16 große Mais- oder Weizentortillas
150 g geriebener Parmesan oder Schnittkäse (z. B. Cheddar oder Gouda)
300 g saure Sahne oder Schmand

FÜR 8 PERSONEN

NEUN-STUNDEN-SCHMORFLEISCH

ZUBEREITUNG: 30 MIN. // GARZEIT: 9 STD. // FÜR 8 PERSONEN

80 ml Olivenöl

2 EL Weizenmehl

Salz

1,5 kg Lammschulter,
   ohne Knochen und Fett,
   in 3 cm großen Würfeln

1 Zwiebel, grob gewürfelt

3 Knoblauchzehen, grob gehackt

½ rote Paprikaschote,
   geputzt und gewürfelt

1 EL gemahlener Kreuzkümmel
   (Cumin)

1 EL gemahlener Koriander

1 EL Paprikapulver (edelsüß)

½ TL Cayennepfeffer

80 ml Rotwein

400 g stückige Tomaten (Dose)

½ l Rindfleischbrühe

FALLS IHR EINEN SLOW-
COOKER HABT, KÖNNT
IHR DAS FLEISCH AUCH
DARIN SCHMOREN.
EINFACH AM MORGEN
ALLES REINGEBEN, DANN
AUF NIEDRIGER STUFE
DEN GANZEN TAG LANG
GAREN UND ABENDS ZUR
PARTY SERVIEREN.

1. Den Backofen auf 110 °C (Umluft 100 °C)
    vorheizen. Das Öl in einem Bräter oder ofen-
    festen Topf mit dicht schließendem Deckel
    erhitzen. Das Mehl mit etwas Salz mischen
    und die Lammwürfel darin wälzen. Das
    Fleisch im Öl bei mittlerer bis hoher Tempe-
    ratur in 2–3 Minuten goldbraun anbraten.
    Herausnehmen und beiseitestellen.

2. Herunterschalten, die Zwiebel zugeben
    und bei mittlerer Hitze ca. 5 Minuten an-
    schwitzen. Knoblauch, Paprika und Gewürze
    zufügen und alles unter Rühren ca. 2 Minuten
    mitschwitzen.

3. Den Rotwein angießen, auf die Hälfte ein-
    kochen lassen und die Tomaten zufügen.
    Einmal umrühren und dann das Fleisch
    zurück in den Topf geben. Mit so viel Brühe
    aufgießen, dass das Fleisch bedeckt ist (falls
    nötig mit Wasser auffüllen). Alles zum Ko-
    chen bringen, dann mit aufgelegtem Deckel
    in den Ofen stellen und ca. 8 Stunden garen,
    bis das Lammfleisch mit einer Gabel prob-
    lemlos zerpflückt werden kann. (Evtl. das
    Lamm in der Flüssigkeit abkühlen lassen und
    bis zur Verwendung abgedeckt in den Kühl-
    schrank stellen.)

4. Das Fleisch herausnehmen, mit zwei Gabeln
    zerpflücken und zurück in die Schmorflüssig-
    keit geben. Alles auf dem Herd erneut
    erhitzen und ca. 45 Minuten bei mittlerer
    Hitze köcheln lassen, bis die Flüssigkeit fast
    vollständig eingekocht ist. Das Fett setzt sich
    dabei oben ab und kann mit einem großen
    Löffel abgeschöpft werden. Das Fleisch mit
    Tortillas und Salsa servieren.

Dieses Rezept ist super für spontanes Last-Minute-Kochen, weil ich Tomaten und Bohnen sowieso immer dahabe. Außerdem kann man damit die perfekten Nachos machen: einfach mit Tortillachips und geriebenem Käse unter den Backofengrill schieben und, während der Käse schmilzt, dazu eine Avocado und ein paar Frühlingszwiebeln klein schneiden.

KIDNEYBOHNEN-CHILI

ZUBEREITUNG: 15 MIN. // GARZEIT: 20 MIN. // FÜR 8 PERSONEN

1. Das Öl in einem großen, schweren Topf erhitzen. Zwiebeln zugeben und bei mittlerer Temperatur in ca. 5 Minuten unter Rühren goldgelb anschwitzen. Knoblauch, Paprikawürfel, Chili und Gewürze zugeben und ca. 2 Minuten unter Rühren mitschwitzen.
2. Mit dem Rotwein ablöschen. Sobald er um die Hälfte eingekocht ist, die Tomaten zugeben und alles ca. 10 Minuten einkochen lassen.
3. Die Kidneybohnen abgießen und abbrausen, dann in den Topf geben und unterrühren. Bis zum Servieren warm halten.

80 ml Olivenöl
2 Zwiebeln, fein gewürfelt
4 Knoblauchzehen, fein geschnitten
2 rote Paprikaschoten, gewürfelt
4 frische Chilischoten, in Ringen
1 EL gemahlener Kreuzkümmel (Cumin)
1 EL gemahlener Koriander
1 EL Paprikapulver (edelsüß)
⅛ l Rotwein
800 g stückige Tomaten (Dose)
2 Dosen Kidneybohnen (à 400 g Füllgewicht)

GEWÜRZHÄHNCHEN

ZUBEREITUNG: 10 MIN. // GARZEIT: 5 MIN. // FÜR 8 PERSONEN

1. Gewürze und Salz vermischen und die Fleischstreifen damit einreiben.
2. Jeweils die Hälfte des Öls in zwei großen Pfannen stark erhitzen. Das Fleisch auf die Pfannen verteilen und bei hoher Temperatur unter gelegentlichem Wenden braten, bis es durchgegart ist.

2 TL gemahlener Kreuzkümmel (Cumin)
2 TL gemahlener Koriander
2 TL Paprikapulver (edelsüß)
½ TL Salz
1,2 kg Hähnchenfleisch, in 1 cm breiten Streifen
80 ml Olivenöl

Von unten Mitte im Uhrzeigersinn: Mais-Koriander-Salsa, Seite 100; Gewürzhähnchen, Seite 97; Scharfe Tomatensauce, Seite 101; Tomaten-Avocado-Salsa, Seite 100; Kidneybohnen-Chili, Seite 97; Neun-Stunden-Schmorfleisch, Seite 96

SALSAS

MAIS-KORIANDER-SALSA

ZUBEREITUNG: 15 MIN. // GARZEIT: 20 MIN. // FÜR 8 PERSONEN

2 frische Maiskolben mit
    Hüllblättern (siehe S. 147;
    als allerletzten Notnagel
    Dosenmais verwenden)
1 rote Zwiebel
2 frische rote Chilischoten
1 Bund Koriandergrün, Blättchen
    abgezupft
2 EL Limettensaft
2 EL Olivenöl
½ TL Meersalz

1. Eine große Pfanne erhitzen. Die Maiskolben mit geschlossenen Hüllblättern in die trockene Pfanne legen und unter gelegentlichem Wenden bei mittlerer Temperatur ca. 20 Minuten braten, bis die Hülle braun wird.

2. Inzwischen die Zwiebel schälen und fein würfeln. Chilis putzen, halbieren und fein schneiden (ohne Samen wird's weniger scharf). Beides mit dem Koriander mischen.

3. Den Mais etwas abkühlen lassen. Die Blätter entfernen (Achtung, dabei kann heißer Dampf entweichen!) und die Körner von oben nach unten vom Kolben schneiden. Zur Zwiebelmischung geben und kurz vor dem Servieren mit Limettensaft, Öl und Salz vermischen.

TOMATEN-AVOCADO-SALSA

ZUBEREITUNG: 10 MIN. // GARZEIT: KEINE // FÜR 8 PERSONEN

4 Romatomaten, längs halbiert
2 Minigurken, geschält und
    längs halbiert
2 Avocados, halbiert, geschält
    und ohne Stein fein gewürfelt
3 Frühlingszwiebeln,
    in feinen Ringen
2 EL Limettensaft
2 EL Olivenöl
½ TL Meersalz

1. Mit einem Löffel die Samen aus Tomaten und Gurken kratzen und entsorgen.

2. Tomaten und Gurken würfeln und mit Avocados und Frühlingszwiebeln mischen. Limettensaft, Öl und Salz zugeben und alles vorsichtig unterheben, bis sich das Dressing verteilt hat. Sofort servieren.

SCHARFE TOMATENSAUCE

ZUBEREITUNG: 15 MIN. // GARZEIT: 25 MIN. // FÜR 8 PERSONEN

1. Das Öl in einem schweren Topf erhitzen und die Zwiebel darin bei mittlerer Temperatur ca. 5 Minuten anschwitzen. Knoblauch, Paprikawürfel und Chili zugeben und 2–3 Minuten mitschwitzen. Gewürze und Salz hinzufügen und ca. 1 Minute unter Rühren erhitzen.

2. Tomaten und 185 Milliliter Wasser zugeben und alles 10–15 Minuten offen kochen lassen, bis ein Großteil der Flüssigkeit verdampft ist und die Sauce eindickt. Gelegentlich umrühren.

3. Die Sauce abschmecken (z. B. mit noch mehr Cayennepfeffer, wenn ihr die Schärfetoleranz eurer Freunde austesten wollt) und nach Belieben im Mixer glatt pürieren. Falls ihr keine Lust habt, den Mixer nachher abzuwaschen (geht mir meistens so), lasst die Sauce halt stückig. Bis zum Servieren warm halten.

60 ml Olivenöl
1 Zwiebel, fein gewürfelt
3 Knoblauchzehen, gehackt
½ rote Paprikaschote,
    geputzt und fein gewürfelt
2 frische rote Chilischoten,
    in feinen Ringen
2 TL Paprikapulver (edelsüß)
2 TL gemahlener Kreuzkümmel
    (Cumin)
2 TL gemahlener Koriander
¼ TL Cayennepfeffer
½ TL Salz
400 g stückige Tomaten (Dose)

SO GEHT PIZZA

Ich weiß, ich weiß: Wer hat schon Lust, selbst Pizza zu machen, wenn die Lieferversion nur einen Anruf entfernt ist? Aber mal ehrlich: Was vom Pizzaservice kommt, ist schwer und fettig, und woraus deren Schinken besteht, will ich gar nicht erst wissen. Wenn ihr keine Zeit zum Teigkneten habt, kauft fertigen Pizzaboden aus dem Kühlregal und belegt ihn selbst. Beim Belag gibt es kein Richtig oder Falsch. Türmt bloß nicht zu viel drauf, sonst wird eure Pizza nicht knusprig, sondern weicht durch.

PIZZATEIG

ZUBEREITUNG: 15 MIN. PLUS 30 MIN. GEHZEIT // GARZEIT: KEINE
FÜR 3 PIZZABÖDEN VON CA. 20 CM DURCHMESSER

1 Pck. Trockenhefe
¼ TL Salz
½ TL feiner Zucker
225 g Weizenmehl
   (Type 405 oder 550)
1½ EL Olivenöl extra vergine,
   plus etwas extra

1. In einer kleinen Schüssel Hefe, Salz, Zucker und 135 Milliliter lauwarmes Wasser vermischen. Das Mehl in eine große Schüssel geben und eine Kuhle hineindrücken. Die Hefemischung und das Öl hineingießen.

2. Mit den Knethaken des Handrührgeräts oder in einer Küchenmaschine alle Zutaten auf mittlerer Stufe mischen und in ca. 5 Minuten zu einem glatten Teig kneten. (Oder alles mit einem Löffel vermischen und ca. 8 Minuten von Hand kneten.)

3. Den Teig in eine eingeölte Schüssel legen, mit einem Geschirrtuch abdecken und an einem warmen Ort ca. 30 Minuten gehen lassen, bis sich das Volumen verdoppelt hat.

4. Mit der Faust einmal in den Teig boxen, dann den Teig dritteln. Jede Portion zu einem Fladen von 20 Zentimeter Durchmesser ausrollen und auf einen Pizzastein oder ein Backblech legen. Nach Belieben belegen.

ANTIPASTI-HUMMUS-PIZZA

ZUBEREITUNG: 20 MIN. // BACKZEIT: 10 MIN. // FÜR 1 PIZZA

1. Den Backofen auf 210 °C (Umluft 190 °C) vorheizen.
2. Für den Hummus alle Zutaten bis auf das Öl in einen Mixer oder eine Küchenmaschine geben und ein paar Sekunden pürieren. Mit einem Teigschaber die Mischung von den Wänden wieder nach unten schaben und erneut pürieren. Währenddessen das Olivenöl dazugießen, bis eine glatte Paste entstanden ist. Vermutlich verbraucht ihr den Hummus nicht komplett für diese Pizza – Reste halten sich im Kühlschrank bis zu eine Woche.
3. Den Pizzaboden mit Hummus bestreichen. Zucchini putzen und mit einem Messer oder Sparschäler in dünne Scheiben schneiden. Die Pizza mit Zucchinischeiben, Oliven, Paprika und Auberginen belegen und den Feta darüberbröseln.
4. Die Pizza im Backofen ca. 10 Minuten backen, bis der Teig knusprig ist.

1 Pizzaboden (∅ 20 cm; siehe links)
1 Zucchini
40 g entsteinte Kalamata-Oliven
120 g marinierte Paprikaschoten (Fertigprodukt), in Streifen
100 g marinierte Auberginen (Fertigprodukt), in Streifen
100 g Schafskäse (Feta)

FÜR DEN HUMMUS
1 Dose Kichererbsen (400 g Füllgewicht), abgegossen und abgespült
2 Knoblauchzehen, geschält
1 EL gemahlener Kreuzkümmel (Cumin)
1 EL Tahini (Sesampaste; türkischer Laden; nach Belieben)
Abgeriebene Schale und Saft von 1 Bio-Zitrone
½ TL Salz
⅛ l Olivenöl

KOCHEN FÜR DIE HUNGRIGE MEUTE   103

Von links im Uhrzeigersinn: Pizza mit Ziegenkäse und karamellisierten Zwiebeln, Seite 106; Antipasti-Hummus-Pizza, S. 103; Pizza „Drei Schweinchen", S. 107.

PIZZA MIT ZIEGENKÄSE UND KARAMELLISIERTEN ZWIEBELN

ZUBEREITUNG: 30 MIN. // BACKZEIT: 10 MIN. // FÜR 1 PIZZA

1. Den Backofen auf 210 °C (Umluft 190 °C) vorheizen.
2. Das Öl in einer Pfanne erhitzen. Zwiebelringe und 1 Prise Salz zugeben und bei geringer bis mittlerer Hitze unter gelegentlichem Rühren ca. 10 Minuten anschwitzen, bis die Zwiebeln goldgelb sind. Essig und Zucker zufügen, die Temperatur reduzieren und weiterschmoren, bis sich der Zucker aufgelöst hat. Die Pfanne vom Herd nehmen.
3. Den Pizzaboden mit etwas Olivenöl bepinseln. Die Zwiebelmischung daraufgeben, mit den Thymianblättchen bestreuen und den Ziegenkäse darüberbröseln.
4. Die Pizza im Backofen ca. 10 Minuten backen, bis der Teig knusprig ist.

2 EL Olivenöl, plus Olivenöl zum Bestreichen
2 Zwiebeln, in dünnen Ringen
Salz
2 TL Balsamicoessig
1 TL feiner Zucker
1 Pizzaboden (Ø 20 cm; siehe S. 102)
½ TL Thymianblättchen
60 g Ziegenweichkäse (z. B. Ziegenrolle)

Mit diesem Namen tue ich natürlich so, als wäre Salami grundsätzlich aus Schweinefleisch. Das ist aber nicht immer der Fall. Äh, lasst uns doch lieber über was anderes reden.

PIZZA „DREI SCHWEINCHEN"

ZUBEREITUNG: 25 MIN. // BACKZEIT: 10 MIN. // FÜR 1 PIZZA

1. Den Backofen auf 210 °C (Umluft 190 °C) vorheizen.
2. Für die Tomatensauce die Basilikumblättchen abzupfen. Ein paar zum Garnieren zurücklegen (die restlichen für eine andere Pizza oder ein Pastagericht verbrauchen). Knackig aussehende Stängel fein schneiden. Eine Bratpfanne stark erhitzen. Öl, Basilikumstängel und Knoblauch hineingeben und ca. 15 Sekunden bei mittlerer Temperatur anschwitzen, bis der Knoblauch glasig wird. Die Tomaten zugeben, aufkochen und 5–10 Minuten kochen lassen, bis ein Teil der Flüssigkeit verdampft ist und die Sauce eindickt. Die Sauce mit Salz und Pfeffer abschmecken und etwas abkühlen lassen. Die Menge reicht für drei Pizzen. Falls Sauce übrig bleibt, hält sie sich gut abgedeckt im Kühlschrank 3–4 Tage.
3. Den Pizzaboden mit etwas Tomatensauce bestreichen und den Käse darüberstreuen. Speck, Schinken und Salami etwas zerpflücken und darauf verteilen.
4. Die Pizza im Backofen ca. 10 Minuten backen, bis der Teig knusprig ist.
5. Die fertige Pizza mit den beiseitegelegten Basilikumblättchen bestreuen und mit etwas Olivenöl beträufeln.

1 Pizzaboden
 (Ø 20 cm; siehe S. 102)
35 g geraspelter Mozzarella
2 Scheiben Frühstücksspeck
 (Bacon)
2 dünne Scheiben Parmaschinken
5 dünne Scheiben Salami
Olivenöl zum Beträufeln

FÜR DIE TOMATENSAUCE
½ Bund Basilikum
2 EL Olivenöl
2 Knoblauchzehen, gehackt
400 g stückige Tomaten (Dose)
Salz, Pfeffer

FALLS ES GERADE KEINE MARACUJAS GIBT:
DAS FRUCHTFLEISCH LÄSST SICH AUCH
DURCH DIE GLEICHE MENGE ZITRONEN-,
ORANGEN- ODER LIMETTENSAFT ERSETZEN.

MARACUJA-BAISER-TÖRTCHEN

1. Für die Maracujacreme Butter und Maracujafruchtfleisch in einem kleinen Topf bei mittlerer Hitze zum Kochen bringen. Eier und Zucker in einer Schüssel verrühren. Die kochende Buttermischung in die Eimasse gießen und mit dem Schneebesen schlagen, bis sich alles gut verbunden hat.

2. Die Creme in den Topf geben und bei geringer Hitze unter ständigem Rühren erhitzen, bis sie eindickt. Vom Herd nehmen und ca. 1 Minute zum Abkühlen weiterschlagen. Im Kühlschrank abgedeckt vollständig auskühlen lassen. (Bis hierhin lässt sich alles bis zu zwei Tage im Voraus erledigen.) Die Creme in die Torteletts füllen und die Oberfläche glatt streichen.

3. Für das Baiser den Backofengrill auf mittlerer Stufe vorheizen (falls ihr nicht einen Crèmebrûlée-Brenner benutzt.) In einer sauberen Schüssel die Eiweiße mit den Quirlen des Handrührgeräts sehr steif schlagen. Danach unter Rühren den Zucker einrieseln lassen und weiterschlagen, bis die Masse glänzend und trocken aussieht.

4. Die Baisermasse in einen Spritzbeutel mit 5-Millimeter-Tülle füllen und auf die Törtchen spritzen. Die Torteletts auf ein Backblech legen und auf oberer Schiene ca. 1 Minute goldgelb übergrillen (oder den Brenner benutzen). Achtung, das Baiser verbrennt leicht! Sofort servieren.

48 Mini-Mürbeteigtortelets
(Ø 3 cm; ersatzweise
5 Mürbeteigtorteletts,
Ø 10 cm)

FÜR DIE MARACUJACREME
100 g Butter
4 Maracujas (Passionsfrüchte,
siehe Tipp), Fruchtfleisch
herausgekratzt und zum
Entkernen durch ein Sieb
gestrichen (ergibt ca. 80 ml)
3 Eier
75 g feiner Zucker

FÜR DIE BAISERMASSE
2 Eiweiß
75 g feiner Zucker

ORANGEN-MOHN-MUFFINS MIT KARDAMOMJOGHURT

ZUBEREITUNG: 20 MIN. // GARZEIT: 1 STD. 15 MIN. // BACKZEIT: 20 MIN.
FÜR 12 STÜCK

1 Bio-Orange
Butter für das Muffinblech
2 Eier
1 Eigelb
110 g feiner Zucker
125 g gemahlene Mandeln
½ TL Backpulver
2 TL Mohnsamen

FÜR DEN KARDAMOMJOGHURT
260 g griechischer Joghurt
60 g brauner Zucker
¼ TL gemahlener Kardamom

1. Die Orange im Ganzen in einem Topf mit Wasser bedecken, zum Kochen bringen und ca. 1 Stunde 15 Minuten bei geringer Hitze köcheln lassen, bis sie weich ist. Bei Bedarf zwischendurch Wasser nachgießen.

2. Den Backofen auf 180 °C (Umluft 160 °C) vorheizen. Ein Muffinblech mit zwölf Mulden mit Butter einfetten.

3. Die Orange vierteln und Samen entfernen. Die Orangenviertel mit Schale im Mixer glatt pürieren.

4. Eier und Eigelb mit den Quirlen des Hand- rührgeräts in ca. 5 Minuten schaumig aufschlagen. Das Volumen sollte sich etwa verdreifachen. Das Orangenpüree unter- rühren.

5. In einer zweiten Schüssel Zucker, gemah- lene Mandeln, Backpulver und Mohn mi- schen und die Eimasse unterheben. Den Teig auf die Mulden des Blechs verteilen und im Ofen ca. 20 Minuten backen. Wenn an einem hineingestochenen Holzstäbchen kein Teig haften bleibt, sind die Muffins fertig.

6. Die Muffins in der Form ca. 5 Minuten ab- kühlen lassen, dann mithilfe eines Früh- stücksmessers aus den Mulden heben.

7. Für den Kardamomjoghurt alle Zutaten verrühren. Zu den Muffins servieren.

AUCH TOLL: MANGO
UND MARACUJA DURCH
100 GRAMM FRISCHE
BEEREN ERSETZEN.
125 GRAMM AUFGETAUTE
TK-HIMBEEREN PÜRIEREN
UND DURCH EIN
SIEB GEBEN. BEEREN UND
SAUCE UNTER DIE SAHNE-
BAISER-MISCHUNG HEBEN.

Angeblich entstand das Rezept, als sich mal ein Hund bei einem Picknick auf eine Sahne-Baiser-Torte setzte. Zum Glück geht's auch ohne Hund – und bei Zeitnot mit gekauften Baisers.

MANGO-MARACUJA-SAHNESÜNDE MIT BLAUBEEREN

ZUBEREITUNG: 30 MIN. // GARZEIT: 1 STD. PLUS 1 STD. KÜHLZEIT

FÜR 4 PERSONEN

1. Für die Baisers den Backofen auf 100 °C (besser ohne Umluft) vorheizen. Ein Blech mit Backpapier auslegen.
2. Die Eiweiße mit den Quirlen des Handrührgeräts aufschlagen, bis sich Spitzen bilden. Beim Weiterschlagen den Zucker einrieseln lassen und den Eischnee sehr steif schlagen. Je ca. 2 Esslöffel der Masse als Häufchen mit reichlich Abstand auf das Blech setzen (oder spritzen) und die Baisers ca. 1 Stunde backen. Den Ofen ausschalten, die Klappe mit einem Kochlöffel einen Spalt offen halten und die Baisers ca. 1 Stunde abkühlen lassen.
3. Die Sahne mit Puderzucker und Vanille verrühren und steif schlagen.
4. Zum Servieren die Baisers etwas zerbröseln und mit Mango, Maracuja und Blaubeeren unter die Sahne heben, aber nicht vollständig vermischen. Es sollen gelbe Fruchtschlieren in der weißen Sahne zu sehen sein. In Gläsern servieren.

300 ml Sahne
2 EL Puderzucker
¼ TL gemahlene Vanille
1 reife Mango, in Stücken
4 Maracujas (Passionsfrüchte), Fruchtfleisch herausgekratzt
150 g frische Blaubeeren

FÜR DIE BAISERS
2 Eiweiß
80 g feiner Zucker

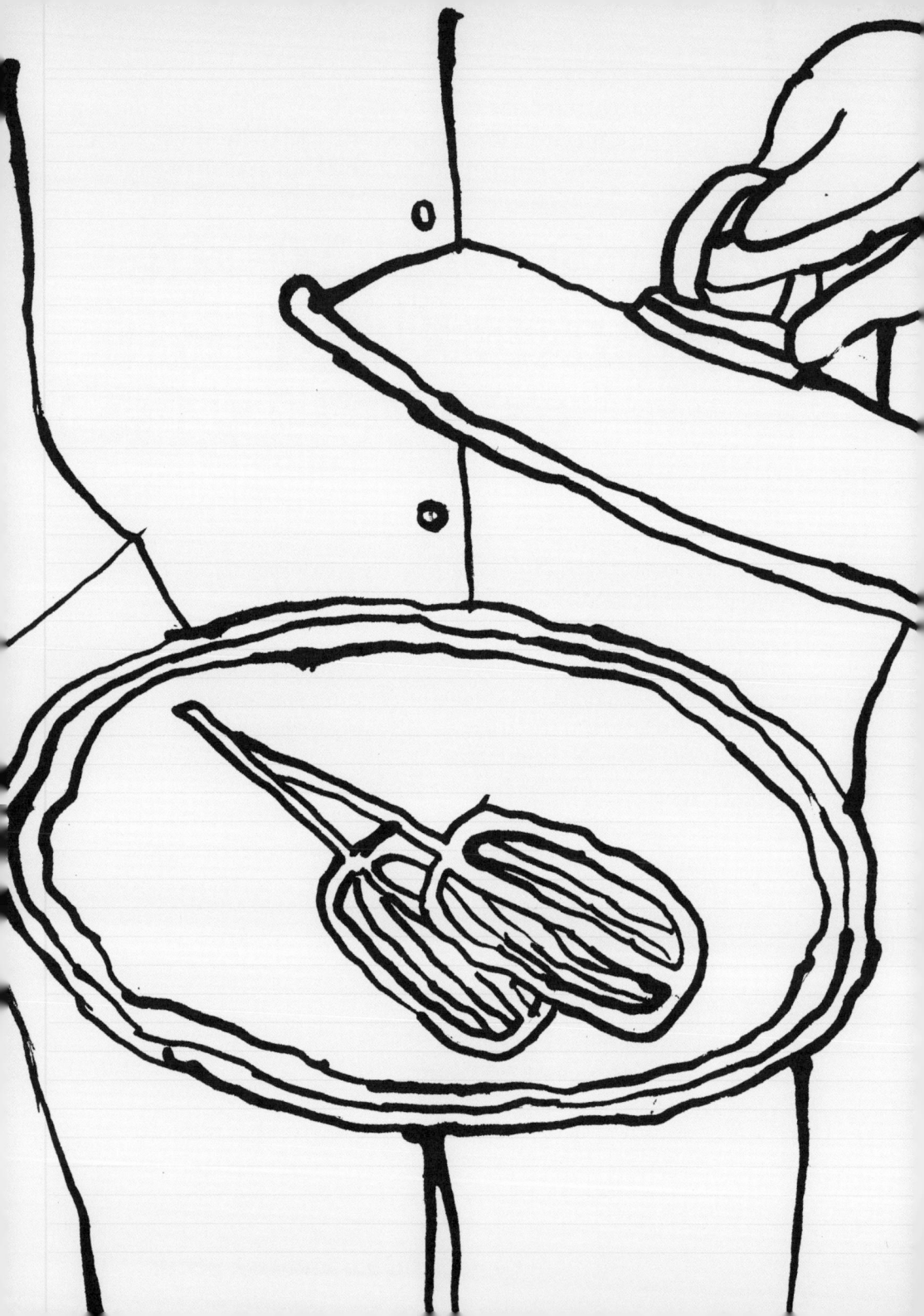

ECHT WAS BESONDERES

Bestimmt habe ich in diesem Buch schon an der einen oder anderen Stelle angedeutet, dass ich gerne esse. Das ist ja der Grund, weshalb ich kochen gelernt habe: Ich dachte, so entgehe ich dem harten Schicksal, mich nach dem Auszug von zu Hause von Zwei-Minuten-Nudelsuppen zu ernähren. (An der Uni hatte ich einen Dozenten, der kahl war. Der meinte, es käme vom Glutamat in den asiatischen Nudel-suppen, die er immer gegessen hat.)

Aber inzwischen ist beim Kochen für mich der Weg das Ziel, so wie ja auch Teig oft besser schmeckt als der fertige Kuchen. Hier kommen ein paar der Rezepte, die ich mache, wenn ich nicht einfach was zu essen auf den Tisch bringen will, son-dern richtig Lust aufs Kochen habe. Sowieso dauert das Zube-reiten ja meist deutlich länger als das Aufessen, und dann soll man's wenigstens genießen. Und weil sich mit diesen Gerich-ten ordentlich Eindruck machen lässt, reißen sich eure Leute ja vielleicht sogar darum, euch in der Küche zuzugucken und zu helfen. „Geholfen" habe ich schon als Kind am liebsten. Meistens habe ich im Weg rumgestanden oder beim Kuchen-backen die Quirle abgeleckt.

Dieses Gericht war eine Gemeinschaftsarbeit von mir und meinem Kumpel Matt. Mein Wok hat keinen Deckel, aber weil sich Muscheln nur beim Dämpfen richtig öffnen, braucht man hier einen. Also hat Matt einfach eine große Metallschüssel umgedreht und über den Wok gestülpt. Passt! Aber macht bloß nicht meinen Fehler, die Schüssel mit bloßen Händen abzunehmen – nehmt eine Zange oder ein Tuch dafür.

CHILIMUSCHELN IM BIERDAMPF

ZUBEREITUNG: 25 MIN. // GARZEIT: 10 MIN.
FÜR 2 PERSONEN ALS HAUPTGERICHT, FÜR 4 MIT ANDEREN SACHEN AUF DEM TISCH

1 kg Miesmuscheln
2 TL Palmzucker
   (Jaggery; Asienladen), gehackt
   (ersatzweise brauner Zucker)
2 TL helle Sojasauce
170 ml Asahi-Bier (Asienladen,
   ersatzweise Export/Helles)
Blättchen von ½ Bund Koriandergrün
Limettenschnitze und knuspriges
   Weißbrot zum Servieren

FÜR DIE CHILIMISCHUNG
1 EL Erdnussöl
4 frische rote Chilischoten, ohne
   Samen, in groben Stücken
2 Schalotten, in Stücken
4 Knoblauchzehen, geschält
20 g Ingwer, geschält, gehackt
1 TL Garnelenpaste, angeröstet
   (nach Belieben, siehe Tipp)
Wurzeln und Stängel von 1 Bund
   Korianderngrün, gehackt

1. Die Muscheln gründlich unter fließendem kaltem Wasser abbürsten und die Bärte entfernen. (Entfällt bei küchenfertig vorbereiteten Muscheln.) Geöffnete und beschädigte Exemplare wegwerfen.

2. Für die Chilimischung alle Zutaten in einer Küchenmaschine fein hacken.

3. Den Wok bei hoher Temperatur erhitzen, die Chilimischung hineingeben und ca. 2 Minuten braten, bis sie duftet. Palmzucker und Sojasauce zugeben und rühren, bis sich der Zucker aufgelöst hat.

4. Das Bier in den Wok gießen. Sobald es kocht, die Muscheln hineingeben. Den Deckel (oder eine Metallschüssel) auflegen und die Muscheln 2–5 Minuten dämpfen. Dabei den Wok gelegentlich rütteln. Bereits geöffnete Exemplare herausnehmen, damit sie nicht zäh werden. Muscheln, die sich nach 5 Minuten noch nicht geöffnet haben, wegwerfen. Fertige Muscheln wieder in den Wok geben.

5. Mit dem Koriander bestreuen und mit Limetten und Brot (und Bier) servieren.

PILZ-ZIEGENKÄSE-RISOTTO

ZUBEREITUNG: 25 MIN. // GARZEIT: 30 MIN. // FÜR 2 PERSONEN

1. In einem mittelgroßen Topf 1 Esslöffel Öl erhitzen, die Zwiebel zugeben und bei mittlerer Hitze in ca. 10 Minuten glasig schwitzen. Die Temperatur erhöhen, Knoblauch zugeben und 1 Minute mitschwitzen, dann den Reis in den Topf geben und unter Rühren 1 Minute braten.

2. Die Hälfte der Butter zugeben und unter Rühren schmelzen lassen. Alles mit dem Wein ablöschen. Die Steinpilze abgießen, dabei das Einweichwasser auffangen und mit in den Topf geben. Sobald die Flüssigkeit verkocht ist, eine Kelle heiße Brühe zugeben. Nach und nach immer wieder etwas Brühe zugeben und vom Reis aufsaugen lassen, dabei gelegentlich rühren. Den Reis so in 16–18 Minuten weich, aber noch bissfest garen. Falls nötig, noch Wasser oder Brühe zufügen.

3. Inzwischen das restliche Öl in einer großen Pfanne bei mittlerer Temperatur erhitzen. Die Hälfte der Pilze und 1 Prise Salz zugeben und goldbraun anbraten. Herausnehmen und die übrigen Pilze ebenso braten. Alle Pilze und die abgegossenen Steinpilze in die Pfanne geben und salzen. Thymian und übrige Butter einrühren. Bei geringer Hitze weitergaren, bis der Reis fertig ist.

4. Pecorino und ¾ von der Petersilie unter das Risotto rühren. Die Pilzmischung darübergeben und mit übriger Petersilie und Ziegenkäse bestreuen.

2 EL Olivenöl
½ Zwiebel, fein gewürfelt
2 Knoblauchzehen, gehackt
140 g Risottoreis (z. B. Arborio)
30 g Butter
60 ml Weißwein
10 g getrocknete Steinpilze, in 60 ml heißem Wasser eingeweicht
½ l Hühner- oder Gemüsebrühe, mit ⅛ l zusätzlichem Wasser aufgekocht und warm gehalten
250 g gemischte Pilze (z. B. Champignons, Shiitake, Austernpilze), in Stücken
Salz
3 Stängel (Zitronen-)Thymian, Blättchen abgezupft
25 g geriebener Pecorino (oder Parmesan)
¼ Bund Petersilie, Blättchen abgezupft und gehackt
50 g Ziegenweichkäse (z. B. Ziegenrolle)

LAMM MIT GRANAT-APFEL-COUSCOUS UND HONIG-JOGHURT-DRESSING

ZUBEREITUNG: 20 MIN. // GARZEIT: 15 MIN. // FÜR 2 PERSONEN

2 EL Pflanzen- oder Olivenöl

2 TL gemahlener Kreuzkümmel (Cumin)

2 TL gemahlener Koriander

Salz

6 Lammkoteletts oder 400 g Lammlachse

1 TL Tahini (Sesampaste, türkischer Laden; nach Belieben)

1 Rezept Honig-Joghurt-Dressing (siehe S. 156)

2 EL Granatapfelsirup zum Servieren (nach Belieben, siehe Tipp)

FÜR DEN GRANATAPFEL-COUSCOUS

100 g Couscous (Instant)

2 TL Olivenöl

⅛ l Hühnerbrühe

½ Bund Minze, Blättchen abgezupft

½ Granatapfel, Kerne ausgelöst

35 g Mandelblättchen

2 EL Datteln, gehackt, oder Rosinen

1. Die Hälfte des Öls in einer Schüssel mit den Gewürzen und ½ Teelöffel Salz mischen und das Fleisch damit einreiben. Die Tahini unter das Honig-Joghurt-Dressing rühren.

2. Für den Granatapfel-Couscous den Couscous in eine hitzefeste Schüssel geben und mit dem Öl mischen. Die Brühe aufkochen und darübergießen. Den Couscous ca. 11 Minuten quellen lassen und zwischendurch immer wieder mit einer Gabel auflockern, bis er schön körnig ist. Sobald er etwas abgekühlt ist, die Minzblättchen, Granatapfelkerne, Mandeln und Datteln unterheben.

3. Das übrige Öl in einer großen Pfanne bei mittlerer Temperatur erhitzen. Das Fleisch salzen, hineingeben und in 3–4 Minuten von allen Seiten goldbraun braten.

4. Das Lamm nach Belieben mit Granatapfel-sirup beträufeln und mit Honig-Joghurt-Dressing und Couscous servieren.

> GRANATAPFELSIRUP GIBT'S IN TÜR-KISCHEN LÄDEN. ACHTUNG, NICHT MIT GRENADINE VERWECHSELN!

Enten verbringen den Großteil ihres Lebens im Wasser und haben daher eine dicke isolierende Fettschicht auf der Brust, die beim Essen weniger lecker ist. Deshalb lässt man zunächst das Fett bei geringer Hitze aus und brät erst dann die Haut knusprig. Es ist einfach unglaublich, was da an Fett rauskommt! Zum Weggießen ist es zu schade – ich hebe es in einer Plastikdose im Kühlschrank auf und benutze es, um darin Ofengemüse zu rösten. Hmm! Zur Ente passt super ein knackiger Salat oder ein Wokgericht mit grünem Gemüse und Nudeln.

HONIGENTE MIT FÜNF GEWÜRZEN

ZUBEREITUNG: 5 MIN. // GARZEIT: 10 MIN. // FÜR 2 PERSONEN

1. Den Backofen auf 180 °C (Umluft 160 °C) vorheizen. Mit einem scharfen Messer die Hautseite der Entenbrüste gitterartig einritzen, ohne dabei das Fleisch zu verletzen. Honig und Gewürze in einem Schüsselchen verrühren. Die Entenbrüste rundum salzen.
2. Das Fleisch mit der Hautseite nach unten in eine kalte ofenfeste Pfanne legen und bei mittlerer Hitze auf dem Herd langsam erwärmen, bis das Fett austritt. Das dauert ein paar Minuten. Die Temperatur erhöhen. Sobald die Haut goldbraun ist, das Fleisch umdrehen und das Entenfett bis auf 1 Esslöffel abgießen. Die Entenbrüste auf der Hautseite mit der Honigmischung einpinseln. Die Pfanne in den Ofen stellen und das Fleisch ca. 5 Minuten garen, bis es so durch ist, wie ihr es haben wollt.
3. Die fertigen Entenbrüste herausnehmen und einige Minuten ruhen lassen. Zum Servieren dünn aufschneiden.

2 Entenbrüste à ca. 250 g
1 EL Honig
1 TL chinesisches Fünf-Gewürze-Pulver (Asienladen)
Salz

KNUSPERLACHS MIT THAI-SALAT UND CHILIKARAMELL

ZUBEREITUNG: 40 MIN. // GARZEIT: 20 MIN. // FÜR 4 PERSONEN

4 Lachsfilets à 200 g, mit einem
    Messerrücken geschuppt,
    Gräten entfernt
Salz
2 EL Pflanzenöl
gekochter Reis (siehe S. 31)
    zum Servieren

FÜR DAS CHILIKARAMELL
70 g heller Palmzucker (Jaggery,
    siehe Tipp), grob gehackt
1 frische rote Chilischote,
    in feinen Ringen
1 EL Fischsauce (Asienladen)
1½ EL Limettensaft

FÜR DEN SALAT
1 frische rote Chilischote, ohne
    Samen, in feinen Ringen
4 Frühlingszwiebeln,
    in schrägen Ringen
50 g geröstete Erdnüsse
115 g Soja- oder Mungobohnen-
    sprossen
je 1 Bund Minze und Koriander-
    grün, Blättchen abgezupft
250 g Kirschtomaten, halbiert
1 Rezept Thai-Dressing
    (siehe S. 156)

1. Den Backofen auf 200 °C (Umluft 180 °C) vorheizen.
2. Für das Chilikaramell den Palmzucker mit ⅛ Liter Wasser in einem Topf unter Rühren erhitzen, bis sich der Zucker aufgelöst hat. Zum Kochen bringen, die Temperatur reduzieren und 5–8 Minuten köcheln lassen, bis sich ein heller Karamellsirup bildet. Dabei nicht mehr rühren.
3. Sobald der Karamellsirup hellbraun wird, vom Herd nehmen und sofort 1 Esslöffel Wasser sowie die Chili zugeben. Abkühlen lassen. Fischsauce und Limettensaft einrühren und ausgewogen süß, salzig, sauer und scharf abschmecken.
4. Für den Salat alle Zutaten bis auf das Dressing in einer Schüssel vermischen und zugedeckt in den Kühlschrank stellen.
5. Den Lachs auf der Hautseite salzen. Das Öl in einer weiten ofenfesten Pfanne erhitzen. Den Lachs auf der Hautseite hineinlegen und bei mittlerer bis hoher Temperatur in 3–4 Minuten knusprig braten (herunterschalten, falls er zu schnell zu dunkel wird). Wenden, die Pfanne in den Ofen stellen und den Lachs in ca. 4 Minuten fertig garen.
6. Den Salat mit dem Dressing mischen. Den Lachs mit dem Chilikaramell beträufeln und mit Salat und Reis servieren.

HELLEN PALMZUCKER GIBT
ES IN ASIENLÄDEN. FALLS
IHR KEINEN FINDET, NEHMT
EINFACH BRAUNEN ZUCKER.

Dieses Rezept habe ich mir im Maha abgeschaut, einem Restaurant in Melbourne, in dem ich mal ein paar Wochen gearbeitet habe. Wenn wir dort Feierabend hatten, gab es immer übrig gebliebenen Schweinebauch, und alle Angestellten haben sich dieses superleckere Fleisch als Snack in Brötchen gepackt. Vermutlich nicht gerade das ideale Essen kurz vorm Schlafengehen, aber perfekt für Partys: Man kann das Fleisch schon einen Tag vorher zubereiten, dann in der Pfanne fertig braten und mit Brot und einer kleinen Vorspeise servieren.

LANGSAM GEGARTER SCHWEINEBAUCH MIT SELLERIE-APFEL-SALAT

ZUBEREITUNG: 1 STD. PLUS ABKÜHLZEIT ÜBER NACHT
GARZEIT: 6–8 STD. // FÜR 4 PERSONEN

FÜR DEN SCHWEINEBAUCH

1 Stück Schweinebauch à 800 g
   ohne Knochen, mit Schwarte
Salz
2 l Olivenöl
3 Zimtstangen
3 Stück Sternanis
2 Lorbeerblätter
2 EL Granatapfelkerne zum Bestreuen
   (nach Belieben)

FÜR DEN SELLERIE-APFEL-SALAT

2 Äpfel (z. B. Granny Smith),
   in streichholzdünnen Streifen
220 g Knollensellerie, geschält,
   in streichholzdünnen Streifen
   oder grob geraspelt
1 EL glatte Petersilienblättchen,
   etwas zerpflückt
50 g Walnusskerne, sehr grob gehackt
2 EL Mayonnaise (gutes Fertigprodukt)
2 TL Olivenöl
2 TL Zitronensaft
Salz, Pfeffer

NOCH WAS VOM SELLERIE ÜBRIG? DANN
MACHT PÜREE DRAUS – EINFACH EINEN TEIL
(ODER DIE GESAMTMENGE) DER KARTOFFELN
BEIM REZEPT AUF S. 168 ERSETZEN.

1. Den Ofen auf 110 °C (Umluft 100 °C) vorheizen.
2. Das Schweinefleisch großzügig mit Salz einreiben. Das Öl in einem hohen, ofenfesten Bräter oder Schmortopf (etwas größer als das Fleischstück) auf ca. 90 °C erhitzen. Das Fleisch mit den Gewürzen hineinlegen. Es soll vollkommen vom Öl bedeckt sein.
3. Den Bräter mit Backpapier abdecken und in den Ofen stellen. Nach 45 Minuten nachschauen: Falls das Öl blubbert, den Ofen auf 100 °C (Umluft 90 °C) herunterschalten. Das Fleisch im Ofen 6–8 Stunden garen, bis es weich ist und fast zerfällt.
4. Das Fleisch aus dem Öl heben, etwas abtropfen lassen und mit der Schwarte nach unten auf einen Teller oder in eine flache Schale legen. Mit Frischhaltefolie abdecken, in den Kühlschrank stellen, ein Brett oder einen zweiten Teller darauflegen und mit einem Gewicht beschweren (z. B. mit Konservendosen oder einem Kürbis). Über Nacht kühlen. (Das Öl nach dem Abkühlen durch ein Sieb gießen und für das nächste Mal aufheben.)
5. Am nächsten Tag ca. 30 Minuten vor dem Essen den Backofen auf 220 °C vorheizen (Umluft 200 °C).
6. Für den Sellerie-Apfel-Salat die Zutaten gut miteinander vermischen. Den Salat mit Salz und Pfeffer würzen und falls nötig mit etwas mehr Zitronensaft oder Öl abschmecken.
7. Den Schweinebauch in vier Rechtecke schneiden (ca. 10 x 3 Zentimeter, abhängig von der Form des Fleischs) und salzen. 1 Esslöffel von dem Olivenöl in einer Pfanne stark erhitzen und die Stücke darin auf allen Fleischseiten anbraten. Das Fett abgießen, das Fleisch wenden und auf der Schwartenseite ca. 3 Minuten goldbraun anbraten. Den Schweinebauch mit der Schwarte nach oben im Ofen in ca. 5 Minuten knusprig werden lassen.
8. Das Fleisch mit dem Salat servieren und nach Belieben mit den Granatapfelkernen bestreuen.

Dieses Rezept ist nicht nur super für Leute, die keinen Ofen haben, sondern auch für alle Schokofans. Eigentlich ist es kein Kuchen, sondern eine Terrine – die Zutaten werden geschmolzen und dann in den Kühlschrank gestellt. Dabei wird der Schokoblock ganz schön hart. Nehmt zum Aufschneiden ein großes Messer und haltet es unter heißes Wasser, dann geht es leichter.

SCHOKOKUCHEN OHNE BACKEN

ZUBEREITUNG: 35 MIN. PLUS 3 STD. KÜHLZEIT
FÜR 8 PERSONEN

500 g gute Bitterschokolade, gehackt
100 g Butter, in Stückchen
400 g gezuckerte Kondensmilch (Dose)
200 g Butterkekse
100 g Pistazienkerne, grob gehackt, plus Pistazien zum Bestreuen
45 g Mandelblättchen
160 g getrocknete Feigen, grob gehackt (nach Belieben)
¼ l Sahne
250 g Crème fraîche

1. Eine Kastenform (ca. 20 x 8 Zentimeter) mit Backpapier auslegen.
2. Nehmt eine hitzefeste Schüssel, die ihr so auf einen kleinen Topf mit kochendem Wasser setzen könnt, dass der Schüsselboden das Wasser nicht berührt. Schokolade, Butter und Kondensmilch in die Schüssel geben und alles unter gelegentlichem Rühren schmelzen lassen.
3. Die Kekse in einen Gefrierbeutel füllen und mit einer Teigrolle grob zerbröseln.
4. Die Kekskrümel in einer großen Schüssel mit Pistazien, Mandeln, Feigen (falls verwendet) und der Schokomischung verrühren. Alles in die Kuchenform füllen, die Form einige Male auf die Arbeitsfläche klopfen, damit Luftblasen nach oben steigen, und die Oberfläche glatt streichen. Den Kuchen abgedeckt in ca. 3 Stunden im Kühlschrank fest werden lassen.
5. Zum Servieren Sahne und Crème fraîche zusammen aufschlagen. Den Kuchen aus der Form stürzen und in Scheiben schneiden. Jede mit etwas Sahnemischung servieren und mit Pistazien bestreuen.

Soweit ich mich erinnere, ist das hier das erste Gericht, das ich jemals gekocht habe. Ich habe es meiner Mutter zum Muttertag gemacht und damit eine Familientradition gestartet. Falls ihr eine richtig gute beschichtete Pfanne habt, könnt ihr probieren, die Pfannkuchen wie ich ganz ohne Fett zu backen. So werden sie supergleichmäßig goldbraun und sehen aus wie vom Profi.

MUTTERTAGS-PFANNKUCHEN

ZUBEREITUNG: 15 MIN. // GARZEIT: 20 MIN. // FÜR 4 PERSONEN

1. Mehl und Backpulver in eine große Schüssel sieben und in die Mitte eine Kuhle drücken.
2. In einer zweiten Schüssel oder einem Messbecher Eier, Milch und Zucker verquirlen. Die Mischung in die Kuhle im Mehl gießen und alles mit einem Schneebesen verrühren. (Die Sache mit der Kuhle verhindert, dass es Klümpchen gibt.)
3. Eine beschichtete Pfanne bei mittlerer Temperatur erwärmen und eine kleine Kelle Teig hineingeben. Den Pfannkuchen 1–2 Minuten backen, bis sich an der Oberfläche Bläschen bilden, dann mit einem Pfannenwender vorsichtig umdrehen. Noch einmal 1 Minute backen. Auf einen Teller geben und aus dem übrigen Teig weitere Pfannkuchen backen. Die fertigen übereinanderstapeln, damit sie warm bleiben.
4. Die Pfannkuchen mit dem persönlichen Lieblingstopping servieren.

260 g Weizenmehl (Type 405)
1½ TL Backpulver
2 Eier
310 ml Milch
165 g feiner Zucker

ALS TOPPINGS
Banane, Vanilleeis (Fertigprodukt)
    und Ahornsirup (für Mum)
Feigen, Ricotta und Honig
    oder Erdbeeren und Nutella
    (für mich)
Zitronensaft und feiner Zucker
    (für meine Schwester Kirsty)
Gar nichts (für Chloe. Meine
    Freundin ist schon seltsam.
    Wer bitteschön isst denn
    Pfannkuchen pur?)

Einmal habe ich einfach Joghurt in den Tiefkühler gestellt, weil ich dachte, das gibt Frozen Yoghurt. Tja, er ist dann zu einem harten Eisblock gefroren. Aber als ich mit einer Gabel daran gekratzt habe, bekam ich eine Art lockere, schneeartige Granita – so wie hier.

BLAUBEER-MANDEL-KUCHEN MIT JOGHURT-GRANITA

ZUBEREITUNG: 35 MIN. PLUS 3 STD. GEFRIERZEIT
BACKZEIT: 45 MIN. // FÜR 6 PERSONEN

FÜR DIE JOGHURT-GRANITA
500 g griechischer Joghurt
30 g Puderzucker

FÜR DEN KUCHEN
175 g Puderzucker
100 g gemahlene Mandeln
35 g Weizenmehl
125 g zimmerwarme Butter,
    in Stückchen
2 Eier
250 g frische Blaubeeren

1. Für die Joghurt-Granita Joghurt und Puderzucker verrühren. Die Mischung in eine Plastikdose füllen und abgedeckt in ca. 3 Stunden im Tiefkühlfach gefrieren lassen.

2. Den Backofen auf 190 °C (Umluft 170 °C) vorheizen. Eine Kastenform (ca. 24 x 12 Zentimeter) mit Backpapier auslegen.

3. Puderzucker, Mandeln und Mehl in eine große Schüssel sieben. Die Butter mit den Quirlen des Handrührgeräts untermischen, dann ein Ei nach dem anderen vollständig unterrühren. Vorsichtig die Hälfte der Blaubeeren unterheben.

4. Den Teig in die Form geben, die Oberfläche glätten und den Kuchen im Ofen 40–45 Minuten backen, bis an einem hineingesteckten Holzstäbchen kein Teig mehr haften bleibt. Herausnehmen, abkühlen lassen, dann aus der Form stürzen.

5. Von dem gefrorenen Joghurt mit einer Gabel schneeartige Kristalle herunterkratzen. Die Granita mit dem Kuchen und den übrigen Blaubeeren servieren.

PFIRSICH-HIMBEER-CHEESECAKE AUS DEM GLAS

ZUBEREITUNG: 40 MIN. // FÜR 4 PERSONEN

8 Ingwerkekse (ersatzweise
  Haferkekse und ¼ TL
  gemahlener Ingwer)
50 g Haselnusskerne, halbiert
40 g Butter
½ Rezept Zitronencreme
  (siehe Tipp S. 108)
4 Pfirsiche, in Schnitzen
125 g frische Himbeeren,
  gewaschen

FÜR DIE CHEESECAKE-MOUSSE
250 g zimmerwarmer Doppelrahmfrischkäse
80 g gezuckerte Kondensmilch
  (Dose)
2 EL Zitronensaft
170 ml Sahne

1. Die Kekse nicht zu fein zerbröseln: entweder
   in einer Küchenmaschine hacken oder in
   einen Gefrierbeutel füllen und mit Teigrolle
   oder Stieltopf zerdrücken.
2. Eine kleine Pfanne erhitzen und die Haselnüsse darin bei mittlerer Temperatur unter
   häufigem Rühren anrösten, bis die Haut
   abplatzt. Die Butter zugeben und die Hitze
   reduzieren. Sobald die Butter geschmolzen ist,
   die Kekskrümel (und evtl. Ingwer) zufügen
   und alles gut mischen. In einer Schüssel abkühlen lassen.
3. Für die Cheesecake-Mousse den Frischkäse
   mit den Quirlen des Handrührgeräts cremig
   schlagen. Kondensmilch und Zitronensaft
   unterrühren. In einer zweiten Schüssel die
   Sahne steif schlagen und unter die Frischkäsecreme heben.
4. Die Mousse auf Schälchen verteilen, etwas
   Zitronencreme und Keksmischung darübergeben und mit Pfirsich und Himbeeren
   garnieren. Falls ihr Eindruck schinden wollt,
   könnt ihr alles auch in Martinigläser schichten: erst die Krümel, dann die Zitronen- und
   darüber die Frischkäsecreme, das Obst obendrauf. Sofort servieren.

Das Beste an diesen Cupcakes ist, dass sie sich je nach Anlass abwandeln lassen: Ich färbe sie für St. Patrick's Day grün und für Valentinstag rosa.

FESTLICHE CUPCAKES

ZUBEREITUNG: 30 MIN. PLUS 1 STD. KÜHLZEIT // BACKZEIT: 20 MIN. // FÜR 24 STÜCK

1. Für die Schokocreme weiße Schokolade und Butter in eine Schüssel geben. Sahne und evtl. Lebensmittelfarbe in einem kleinen Topf aufkochen und darübergießen. 1 Minute stehen lassen, dann rühren, bis eine glatte Masse entsteht. Abgedeckt im Kühlschrank in ca. 1 Stunde fest werden lassen.

2. Den Backofen auf 170 °C (Umluft 155 °C) vorheizen. Papierförmchen in zwei Muffinbleche mit je 12 Mulden setzen. Zucker, Eier und Butter in einer großen Schüssel mit den Quirlen des Handrührgeräts vermischen, dann Mehl, Backpulver und Milch zugeben. Rühren, bis die Mischung etwas heller wird.

3. Den Teig auf die Muffinförmchen verteilen und im Ofen in ca. 20 Minuten goldgelb backen (an einem hineingesteckten Holzstäbchen sollte kein Teig mehr kleben). Herausnehmen, 5 Minuten in den Blechen abkühlen lassen, dann die Cupcakes auf ein Kuchengitter stürzen und vollständig auskühlen lassen.

4. Die Schokocreme mit den Quirlen des Handrührgeräts in ca. 30 Sekunden fluffig aufschlagen (nicht zu lange rühren, damit sie sich nicht trennt). Die Cupcakes mit der Creme bestreichen und mit Süßigkeiten verzieren.

220 g feiner Zucker
2 Eier
90 g Butter, geschmolzen
300 g Weizenmehl (Type 405), gesiebt
2 TL Backpulver
¼ ml Milch
Bunte Süßigkeiten zum Verzieren

FÜR DIE WEISSE SCHOKOCREME
300 g weiße Schokolade, gehackt
90 g Butter, in Stückchen
180 ml Sahne
Ein paar Tropfen Lebensmittelfarbe (nach Belieben)

PANNA COTTA MIT BALSAMICO-BEEREN

ZUBEREITUNG: 20 MIN. PLUS 4 STD. KÜHLZEIT // GARZEIT: 5 MIN. // FÜR 6 PORTIONEN

1 TL Pflanzenöl
600 ml Sahne
1 Vanilleschote, längs halbiert,
   Mark herausgekratzt
100 g feiner Zucker
5 Blatt weiße Gelatine, 5 Min.
   in kaltem Wasser eingeweicht
   und ausgedrückt

FÜR DIE BALSAMICO-BEEREN
250 g frische gemischte Beeren,
   geputzt, große Erdbeeren
   halbiert oder geviertelt
30 g Puderzucker
2 TL Balsamicoessig

1. Sechs Förmchen (oder Tassen, je ⅛ Liter Fassungsvermögen) leicht einölen. In einem Topf Sahne, Vanilleschote und -mark sowie Zucker zum Kochen bringen, dabei rühren, damit sich der Zucker auflöst. Vom Herd nehmen, die Vanilleschote wegwerfen, die Gelatine zugeben und rühren, bis sie sich aufgelöst hat.

2. Die Mischung in eine Schüssel gießen, die in einer zweiten mit Eiswürfeln steht. So lange rühren, bis die Sahne anfängt, fest zu werden. (Diesen Schritt könnt ihr auch weglassen. Aber dann sinkt das Vanillemark evtl. auf den Boden der Förmchen.) In die Förmchen gießen und abgedeckt im Kühlschrank mindestens 4 Stunden fest werden lassen. (Jetzt könnt ihr euch selbst auf die Schultern klopfen, euch schick machen und in vollen Verführungsmodus gehen.)

3. Ungefähr eine halbe Stunde vor dem Essen die Zutaten für die Balsamico-Beeren in einer Schüssel verrühren.

4. Die Panna cotta stürzen: Dazu die Sahnemasse mit einem Frühstücksmesser vom Rand lösen und auf Tellerchen stürzen (falls sie sich nicht löst, kurz in heißes Wasser stellen). Mit den Balsamico-Beeren servieren und etwas von dem Beerensaft darüberträufeln.

VEGETARISCH WIRD'S MIT
3 GRAMM AGAR-AGAR STATT
GELATINE: DAS GELIEREN
DAUERT DANN ETWAS LÄNGER.

PANNA-COTTA-VARIATIONEN

KOKOS-PANNA-COTTA MIT MANGO, LITSCHI UND MINZE

Die Hälfte der Sahne durch Kokosmilch (oder noch besser: Cream of Coconut) ersetzen. Das Fruchtfleisch von 1 großen Mango zu beiden Seiten des Kerns abschneiden, schälen und in feine Streifen schneiden. Ein paar Minzblättchen zerpflücken und mit 200 g abgetropfen Litschis aus der Dose dazugeben. Die Panna cotta mit dem Fruchtsalat anrichten. (Falls ihr Zeit habt: Zitronen- oder Limettencreme, siehe Tipp auf S. 108, passt auch toll dazu.) Ein paar geröstete schwarze Sesamsamen (Asienladen) darüberstreuen.

JOGHURT-PANNA-COTTA MIT FEIGEN UND HONIG

Die Hälfte der Sahne durch guten Naturjoghurt oder Schafjoghurt ersetzen. Sahne, Vanilleschote und -mark sowie Zucker zum Kochen bringen. Vom Herd nehmen, die Vanilleschote wegwerfen, die Gelatine zugeben und rühren, bis sie sich aufgelöst hat. 2 Minuten abkühlen lassen, dann erst den Joghurt einrühren. Alles durch ein feines Sieb streichen, um eventuelle Klümpchen zu entfernen. 3 reife Feigen in je sechs Teile schneiden. Jede Panna cotta mit 3 Feigenstückchen anrichten, mit Honig beträufeln und mit ein paar gehackten Pistazienkernen bestreuen.

Panna cotta mit Balsamico-Beeren, Seite 135

ESSEN TO GO

Ja, in Ruhe essen ist toll. Aber manchmal hat man für diesen Luxus leider keine Zeit. Und dann ist es gut, ein paar Sachen in petto zu haben, die man entweder mitnehmen oder aber in allerletzter Sekunde noch zusammenschmeißen kann. Ich gehöre zu den Menschen, die ständig spät dran sind. Deshalb wollte ich in diesem Buch unbedingt meine Lieblingsgerichte zum Aus-der-Hand-Essen unterbringen.

Manche davon sind innerhalb von fünf Minuten gemacht und geben euch genug Energie, um einen stressigen Tag durchzuhalten, zum Beispiel der Bananen-Ricotta-Toast auf Seite 140. Andere bereite ich vor, wenn ich ein bisschen Zeit habe, und habe dann etliche Tage was davon, zum Beispiel die Weiße-Schokoladen-Cookies mit Pistazien von Seite 149. („Etliche Tage was davon haben" – klingt toll, oder? Leider machen diese Cookies süchtig, und es ist verdammt schwer, sie nicht gleich frisch aus dem Ofen komplett aufzuessen!)

Dieser Frühstückssnack ist so schnell gemacht, dass ich mir nicht mal sicher bin, ob man das hier wirklich als Rezept bezeichnen darf. Egal – ich wollte ihn unbedingt im Buch drin haben, denn den Toast kann ich in die Hand nehmen und losrennen, wenn mal wieder jede Sekunde zählt.

BANANEN-RICOTTA-TOAST

ZUBEREITUNG: 5 MIN. // GARZEIT: 3 MIN. // FÜR 1 HUNGRIGEN ESSER

2–3 dicke Scheiben (Weiß-)brot (auch Brioche schmeckt großartig)
115 g Ricotta
1 Banane, geschält, in Scheiben
Honig zum Beträufeln
¼ TL gemahlener Zimt

1. Das Brot toasten. Jede Scheibe mit etwas Ricotta bestreichen, die Bananenscheiben darauflegen, mit Honig beträufeln und mit Zimt bestreuen.

RICOTTA BEKOMMT IHR IM KÜHLREGAL DES SUPERMARKTES.

Immer, wenn ich diese heiße Schokolade für andere mache, ernte ich Riesenbegeisterung – bis ich sage, dass ich Ei reingetan habe. Aber echt jetzt mal ... hallo? Eierlikör? Eierpunsch? Ei macht diese Getränke richtig schön dickflüssig und lecker. Das hier schmeckt schon fast wie heißer, noch flüssiger Schokopudding. Erst mal ausprobieren, dann könnt ihr immer noch sagen, dass ihr's eklig findet. (Tut ihr aber nicht.)

HEISSE VOM-EI-SAG-ICH-JETZT-LIEBER-NICHTS-SCHOKOLADE

ZUBEREITUNG: 8 MIN. // FÜR 1 PERSON

1. Die Milch in einem kleinen Topf bei mittlerer Temperatur erwärmen.
2. Inzwischen in einer hitzefesten Schüssel Ei und Zucker verquirlen.
3. Die Schokolade in die warme Milch geben und rühren, bis sie sich aufgelöst hat und die Milch heiß ist (sie soll nicht kochen). Die Schokoladenmilch schnell zu der Eimischung geben und dabei mit einem Schneebesen zu einer schön glatten heißen Schokolade rühren. In einen Becher füllen und mit der geriebenen Schokolade bestreuen.

185 ml Milch
1 Ei
1 TL feiner Zucker
50 g gute Bitterschokolade
(am besten 70 % Kakaoanteil),
plus geriebene Schokolade
zum Bestreuen

Der Trend unter Burger-Experten geht ja dahin, das Fleisch ganz pur wirken zu lassen – gewürzt mit Salz und sonst nichts. Weder Brot noch Eier oder Zwiebel dürfen hinein. Weniger ist mehr. Gefällt mir. Eigentlich ist es gar nicht so viel anders als ein Steak.

DER ULTIMATIVE CHEESEBURGER

ZUBEREITUNG: 25 MIN. // GARZEIT: 10 MIN. // FÜR 6 KLEINE BURGER

500 g Hackfleisch (siehe Tipp)
1¼ TL Salz
Pflanzenöl zum Braten
6 Scheiben Schnittkäse
    (z. B. Cheddar, insgesamt
    ca. 120 g)
6 kleine Burgerbrötchen
    (auf jeden Fall weiße!)
60 ml Ketchup
    (Heinz finde ich gut)
60 g Dijon- oder anderer Senf
    (nach Belieben)
4 kleine Gewürzgurken,
    in Scheiben

1. Den Backofengrill auf höchster Stufe vorheizen.

2. Das Hackfleisch in einer großen Schüssel flach drücken, das Salz von Hand unterkneten. Das Fleisch in sechs Portionen aufteilen und jede zu einer Kugel formen. In eine große Pfanne so viel Öl geben, dass der Boden gerade bedeckt ist, und bei mittlerer Temperatur erhitzen. Die Hackfleischbällchen hineingeben, mit einem Pfannenwender flach drücken (sie sollen ca. 2 Zentimeter dick sein) und ca. 4 Minuten braten, bis sie unten eine braune Kruste bekommen.

3. Die Pattys wenden und die Temperatur reduzieren. Auf jedes Patty eine Scheibe Käse legen und bei niedriger Hitze ca. 4 Minuten weiterbraten, bis der Käse geschmolzen ist.

4. Die Hamburgerbrötchen halbieren und die Schnittflächen unter dem Backofengrill antoasten. Herausnehmen, auf jedes Unterteil ein Patty geben, mit Ketchup, Senf und Gurken belegen und mit den oberen Brötchenhälften abdecken.

EUER HACKFLEISCH DARF NICHT ZU MAGER SEIN, SONST WERDEN DIE BURGER TROCKEN. 80 % FLEISCH UND 20 % FETT IST EIN GUTES VERHÄLTNIS. FALLS MÖGLICH, LASST EUCH RINDERSCHULTER FRISCH DURCHDREHEN.

Das hier ist echt was für Jungs – man kriegt diese Maiskolben nämlich auch dann hin, wenn man sich mit einer Flasche Bier in der Hand an den Grill stellt. Solltet ihr keine Maiskolben mit Blättern bekommen, dann kocht einfach frische Maiskolben ohne Blätter 20 Minuten in ungesalzenem Wasser.

MAISKOLBEN FÜR JUNGS

ZUBEREITUNG: 5 MIN. // GARZEIT: 20 MIN.
FÜR 2–4 PERSONEN ALS SNACK

1. Entweder den Grill anschmeißen oder eine große Pfanne bei hoher Temperatur auf dem Herd erhitzen. Die Maiskolben mit den Hüllblättern hineinlegen und ca. 15 Minuten garen, dabei alle paar Minuten wenden. Die Blätter sollen dabei braun-schwarz werden.

2. Sobald der Mais fertig ist, die Kolben in eine große Schüssel geben und mit Frischhalte-folie abdecken, damit sie noch ein bisschen im eigenen Dampf nachgaren.

3. Den Mais etwas abkühlen lassen, dann die Blätter entfernen. Die Enden der Kolben abschneiden, die Limetten über dem Mais auspressen, Butter daraufgeben und Parme-san darüberstreuen. Die Maiskolben mit Chili und Koriander bestreuen und mit den Händen essen.

4 Maiskolben mit Hüllblättern (siehe Tipp)
2 Limetten, halbiert
50 g Butter
50 g geriebener Parmesan
1 frische rote Chilischote in feinen Ringen, Samen entfernt (es sei denn, ihr mögt's richtig scharf)
4 Stängel Koriandergrün, Blättchen abgezupft und grob gehackt

Unter allen Steak-Sandwiches ist das hier für mich der King. Erstens, weil es superschnell geht, und zweitens, weil ich damit bei meiner Freundin Chloe punkten kann. Ziemlich praktisch, dass eins ihrer Lieblingsgerichte zufällig auch noch eins meiner schnellsten ist!

CHLOES LIEBLINGS-KALBFLEISCH-SANDWICH

ZUBEREITUNG: 10 MIN. // GARZEIT: 5 MIN. // FÜR 2 PERSONEN

4 dicke Scheiben Ciabatta oder anderes knuspriges Brot
1 EL Olivenöl
2 Minutensteaks oder Schnitzel (natur) vom Kalb
Salz
1 EL Dijonsenf
60 g Schnittkäse (z. B. Cheddar), in Scheiben
2 Gewürzgurken, in Scheiben
¼ rote Zwiebel, in dünnen Ringen

1. Den Backofengrill auf höchster Stufe vorheizen. Das Brot darunter von beiden Seiten goldbraun toasten.

2. Das Olivenöl in einer Pfanne bei hoher Temperatur erhitzen. Das Kalbfleisch trocken tupfen, salzen und im Öl von jeder Seite ca. 1 Minute braten, bis es so durch ist, wie ihr es haben wollt.

3. Zwei der Brotscheiben mit Senf bestreichen und mit Käse belegen. Die Scheiben noch einmal unter den Grill legen, bis der Käse geschmolzen ist.

4. Auf den geschmolzenen Käse Gewürzgurken, Zwiebel und je 1 Stück Fleisch legen. Mit den übrigen Brotscheiben bedecken und jedes Sandwich zum Servieren halbieren.

Braucht nicht jeder mindestens ein gutes Plätzchenrezept? Das hier ist echt der Kracher. Bestimmt halten sich die Cookies in einer luftdichten Dose relativ lange, aber das kann ich nur vermuten. Bei mir waren sie immer zu schnell weg, um diese Theorie zu beweisen.

WEISSE-SCHOKO-LADEN-COOKIES MIT PISTAZIEN

ZUBEREITUNG: 20 MIN. // BACKZEIT: 25 MIN. // FÜR 26 STÜCK

1. Den Backofen auf 160 °C (Umluft 145 °C) vorheizen. Drei Backbleche mit Backpapier belegen. Butter, Zucker, Vanillezucker und braunen Zucker in einer Schüssel mit den Quirlen des Handrührgeräts schaumig schlagen, bis die Mischung heller wird. Erst die Eier gründlich unterrühren, dann Mehl, Backpulver und Salz zugeben und alles schnell zu einem Teig mischen.
2. Die Schokodrops und die Pistazien zugeben und mit einem Teigschaber oder mit den Händen gut unterkneten.
3. Mit feuchten Händen jeweils einen gehäuften Esslöffel Teig zu einer Kugel rollen. Die Bälle mit ausreichend Abstand auf den Blechen verteilen und flach drücken. Die Bleche in den Ofen schieben: bei Umluft gleichzeitig, bei Ober-/Unterhitze nacheinander. Die Cookies im Ofen 18–22 Minuten backen: innen noch weich oder ganz knusprig. 2 Minuten abkühlen lassen, dann die Cookies auf Kuchengitter legen und vollständig auskühlen lassen (aber auf jeden Fall ein paar gleich warm essen!).

125 g zimmerwarme Butter
100 g weißer Zucker
1 Pck. Vanillezucker
115 g brauner Zucker
2 Eier
260 g Weizenmehl (Type 405), gesiebt
1½ TL Backpulver
¼ TL Salz
200 g weiße Schokoladendrops (ersatzweise weiße Schokolade, gehackt)
100 g Pistazienkerne, halbiert

Achtung: Wenn ihr diese Brownies backt, dann viel Glück – die sind wirklich nichts für Kaffeepuster. Nee, nicht kompliziert, das meine ich nicht: einfach verdammt üppig! Meistens behaupte ich, dass ich sie nur zu besonderen Gelegenheiten mache. Heißt im Klartext: immer dann, wenn ich Lust auf Brownies habe.

PEANUTBUTTER-BROWNIES

ZUBEREITUNG: 20 MIN.
BACKZEIT: 30 MIN. PLUS 30 MIN. ABKÜHLZEIT // FÜR 16 STÜCK

300 g Weizenmehl (Type 405)
240 g gesalzene, geröstete Erdnüsse, grob gehackt
150 g weiße Schokoladendrops (ersatzweise weiße Schokolade, gehackt)
180 g Butter, in Stückchen
250 g gute Bitterschokolade (am besten 70 % Kakaoanteil), gehackt
180 g Erdnusscreme ohne Stückchen
440 g brauner Zucker
4 Eier, leicht verquirlt

1. Den Backofen auf 190 °C (Umluft 170 °C) vorheizen. Eine quadratische Backform (24 x 24 Zentimeter) mit Backpapier auslegen. 1 Liter Wasser in einem großen Topf zum Kochen bringen, dann die Hitze reduzieren.

2. Das Mehl in eine große Schüssel sieben und mit Erdnüssen und weißen Schokodrops vermischen.

3. In eine zweite große, hitzefeste Schüssel Butter, dunkle Schokolade und Erdnusscreme geben. Die Schüssel auf den Topf setzen. Der Boden sollte das Wasser nicht berühren (falls nötig, etwas Wasser abgießen.) Die Mischung unter Rühren schmelzen lassen, dann den Zucker zugeben und weiterrühren, bis er sich auflöst.

4. Die Creme vom Herd nehmen. Die Eier einrühren und das Mehl unterheben. Den Teig in die Form füllen und im Ofen ca. 30 Minuten backen, bis sich der Brownie vom Rand löst, die Oberfläche Risse zeigt und die Mitte noch etwas wackelt, wenn ihr die Form schüttelt. 30 Minuten abkühlen lassen und in vier mal vier Stücke schneiden. Glücklich sein. Reinbeißen.

DIE BACKZEIT HÄNGT EINER-
SEITS VOM OFEN AB, ANDERER-
SEITS VON DER GRÖSSE DER
BACKFORM. AUSSEN MÜSSEN
DIE BROWNIES FEST SEIN,
ABER DAS INNERE SOLL SICH
NOCH WEICH ANFÜHLEN.

Einer meiner absoluten Lieblingskuchen! Dabei freue ich mich fast so sehr darauf, die Cremereste aus der Schüssel zu lecken wie auf das fertige Prachtstück. Möhrenkuchen gibt es viele – dieser ist super!

MÖHRENKUCHEN NACH TANTE NET

ZUBEREITUNG: 25 MIN. // BACKZEIT: 1 STD. 5 MIN. PLUS ABKÜHLZEIT

FÜR 6 PERSONEN

1. Den Backofen auf 210 °C (Umluft 190 °C) vorheizen. Eine Kastenform (ca. 19 x 9 Zentimeter) mit Backpapier auslegen. Alle Zutaten für den Kuchen mit den Quirlen des Handrührgeräts oder in einer Küchenmaschine zu einem Teig verrühren und in die Form füllen.
2. Den Kuchen ca. 10 Minuten backen, bis er sein Volumen sichtbar vergrößert hat. Dann den Ofen auf 160 °C (Umluft 145 °C) herunterschalten und den Kuchen ca. 55 Minuten weiterbacken. Er ist fertig, wenn an einem hineingestochenen Holzstäbchen kein Teig haften bleibt. Den Kuchen herausnehmen, 10 Minuten abkühlen lassen, dann auf ein Kuchengitter stürzen und vollständig auskühlen lassen.
3. Für die Frischkäsecreme alle Zutaten bis auf die Limettenschale mit den Quirlen des Handrührgeräts in 3–5 Minuten zu einer glatten Creme schlagen. Den abgekühlten Kuchen damit bestreichen und nach Belieben die Limettenschale darüberstreuen.

150 g Weizenmehl (Type 405), gesiebt
220 g feiner Zucker
1 TL Speisenatron (ersatzweise 1 EL Backpulver)
2 TL gemahlener Zimt
½ TL Salz
2 Eier
60 g Walnusskerne, gehackt
⅛ l Pflanzenöl
235 g Möhren, geschält und fein gerieben (ca. 2 kleine Möhren)
Saft von 2 Limetten

FÜR DIE FRISCHKÄSECREME
60 g zimmerwarmer Doppelrahmfrischkäse
60 g zimmerwarme Margarine
115 g Puderzucker
1 Pck. Vanillezucker
Abgeriebene Schale von 1 Bio-Limette zum Garnieren (nach Belieben)

SALATE & BEILAGEN

Ein guter Salat ist schwer zu toppen: Er ist frisch, knackig und dazu auch noch gesund. Genauso wichtig ist aber, dass er nach was schmeckt und dass die Zutaten nicht langweilig sind (so wie die Salat-Gurken-Tomaten-Kombi, die ich als Kind immer auf dem Teller hatte). An Salaten kann man gut sehen, wie wichtig unterschiedliche Konsistenzen sind: Was Weiches wie Avocado wird gleich viel interessanter, wenn man es mit etwas Knackigem wie Walnüssen oder etwas Knusprigem wie gebratenem Speck kombiniert.

In diesem Kapitel habe ich außerdem ein paar Lieblings-beilagen untergebracht, die eine tolle Ergänzung zum Haupt-gericht sind und eine Mahlzeit gleich zu was Besonderem machen.

Fast das Wichtigste an einem Salat ist das Dressing: Es verbindet die einzelnen Zutaten zu einem Ganzen und bringt die Aromen zur Geltung. Die meisten Dressings, vor allem solche auf Essig-Öl-Basis, könnt ihr auf Vorrat machen und im Kühlschrank aufheben – einfach vor Gebrauch schütteln (Olivenöl klumpt, wenn es kalt wird, aber das gibt sich, wenn es wieder Zimmertemperatur hat). Den Salat dürft ihr allerdings erst kurz vor dem Essen mit dem Dressing mischen (am besten mit der Hand), sonst fällt er in sich zusammen. Eine gute Faustregel für Dressings ist: 1 Teil Säure auf 2 oder 3 Teile Öl, je nachdem, wie sauer ihr's mögt.

SALATDRESSINGS

ZUBEREITUNG: 5 MIN. PRO DRESSING // GARZEIT: KEINE
JEDES REZEPT REICHT FÜR EINEN BEILAGENSALAT FÜR 4 PERSONEN

BASIS-DRESSING
1 EL Weißweinessig
1 TL Dijonsenf
2 EL Olivenöl extra vergine
1 Prise Salz

ZITRONENDRESSING
1 EL Zitronensaft
2 EL Olivenöl extra vergine
1 Knoblauchzehe, durchgepresst
1 TL Dijonsenf
1 Prise Salz

BALSAMICO-DRESSING
1 EL Balsamicoessig
2 EL Olivenöl extra vergine
1 Prise Salz

JAPANISCHES DRESSING
1½ EL Reisessig (Asienladen)
1 EL helle Sojasauce
2 TL Mirin (süßer Reiswein; Asienladen)

HONIG-JOGHURT-DRESSING
95 g griechischer Joghurt
Abgeriebene Schale und Saft von
    1 Bio-Zitrone
2 TL Honig
1 Prise Salz
Frisch gemahlener schwarzer Pfeffer

THAI-DRESSING
1½ EL Fischsauce (Asienladen)
2 EL Limettensaft
2 TL Palmzucker (Jaggery; Asienladen),
    gerieben (ersatzweise brauner Zucker)

1. Für jedes Dressing die angegebenen Zutaten mit dem Schneebesen verrühren oder in ein Glas mit Schraubdeckel geben und schütteln.

QUINOA-BOHNEN-SALAT MIT GRANATAPFEL

ZUBEREITUNG: 15 MIN. // GARZEIT: 15 MIN. // FÜR 4 PERSONEN

1. In einem Topf die Quinoa mit ½ Liter Wasser aufkochen. Sobald das Wasser kocht, den Deckel auflegen, die Temperatur stark reduzieren und die Quinoa 10–15 Minuten köcheln lassen, bis sie das Wasser vollständig aufgenommen hat und von jedem Körnchen eine kleine Spirale hochsteht. Ein Schneidebrett mit Küchenpapier auslegen, die Quinoa darauf ausbreiten, abkühlen lassen und gelegentlich mit einer Gabel durchmischen. Die abgekühlte Quinoa in eine Schüssel geben.

2. Den Granatapfel auf der gesamten Oberfläche mit einem Holzlöffel anklopfen, damit sich die Kerne lösen. Die Frucht halbieren, mit der Schnittfläche nach unten über eine Schüssel halten und so lange mit dem Löffel daraufklopfen, bis die Kerne herausfallen. Ggf. übrige Kerne von Hand aus den Hälften lösen. Die weißen Trennhäutchen aussortieren und wegwerfen.

3. In einem Topf reichlich Salzwasser aufkochen. Die Bohnen darin ca. 2½ Minuten blanchieren, abgießen und für 30 Sekunden mit kaltem Wasser abschrecken. Die Bohnen aus den Häutchen drücken und mit den Kürbiskernen zur Quinoa geben.

4. Kurz vor dem Servieren alles vorsichtig mit dem Dressing vermischen.

200 g Quinoa
1 Granatapfel
370 g gepalte dicke Bohnen (frisch oder TK, entspricht ca. 750 g frischen Bohnen in der Schote)
40 g Kürbiskerne
1 Rezept Honig-Joghurt-Dressing (siehe links)

RUCOLA-BIRNEN-SALAT MIT PARMESAN

ZUBEREITUNG: 10 MIN. // GARZEIT: KEINE // FÜR 4 PERSONEN

1. Die Birne waschen und ohne Kerngehäuse in dünne Spalten schneiden. In einer Schüssel mit Rucola, Parmesan und Haselnüssen mischen.
2. Das Dressing über den Salat träufeln und vorsichtig unterheben. Sofort servieren.

1 reife Birne
60 g Rucola (1 große Handvoll), geputzt
80 g Parmesan, mit dem Sparschäler in Späne gehobelt
40 g Haselnusskerne, grob gehackt
1 Rezept Zitronendressing (siehe S. 156)

Ich liebe die leicht scharfe Note der Radieschen in diesem Salat. Er passt super zu salzigen Gerichten wie dem Teriyaki-Hähnchen (siehe S. 51).

GURKEN-RADIES-CHEN-SALAT

ZUBEREITUNG: 10 MIN. // GARZEIT: KEINE // FÜR 4 PERSONEN ALS BEILAGE

1. Die Gurken schälen, die Samen mit einem Löffel herauskratzen und das Fruchtfleisch in dünne Streifen schneiden.
2. Gurken, Frühlingszwiebeln und Radieschen in einer Schüssel mischen.
3. Kurz vor dem Servieren das Dressing darübergeben und vorsichtig unterheben.

2 Minigurken
4 Frühlingszwiebeln, in schrägen Ringen
4 Radieschen, in dünnen Scheiben
1 Rezept japanisches Dressing (siehe S. 156)

Dieser Salat ist supersimpel und passt gut zu Gerichten mit Fisch, Meeresfrüchten oder Geflügel. Fenchel hat übrigens eine deutliche Anisnote. Das ist toll, kann aber schnell too much werden, wenn man in große Stücke beißt. Nehmt euch also die Zeit, den Fenchel so fein wie möglich zu schneiden!

FENCHEL-ORANGEN-SALAT MIT WALNÜSSEN

ZUBEREITUNG: 10 MIN. // GARZEIT: KEINE // FÜR 4 PERSONEN

1 kleine Fenchelknolle
2 Orangen
40 g Walnusskerne, grob gehackt
1 Rezept Basis-Dressing
   (siehe S. 156)

1. Den Fenchel putzen: Dafür das Fenchelgrün abschneiden und, soweit knackig und grün, grob schneiden und zum Bestreuen beiseitelegen. Den Strunk und die Stängel abschneiden, braune Stellen entfernen und die Knolle in sehr dünne Streifen schneiden.
2. Von den Orangen oben und unten eine Kappe abschneiden. Dann die Schale mitsamt Haut entfernen. Die einzelnen Fruchtsegmente zwischen den Trennhäutchen herausschneiden.
3. Orangenfilets, Fenchel und Walnüsse in eine Schüssel geben, das Dressing darüberträufeln und alles vorsichtig vermischen. Den Salat mit dem Fenchelgrün bestreuen.

Dieser Salat passt perfekt zu süßlichen Fleischgerichten (so wie dem superschnellen Hähnchen-Saté von Seite 48). Aber er kann auch für sich stehen – sehr Hungrige machen ein paar asiatische Nudeln dazu. Wer kein großer Fan von Garnelen ist, kann sie übrigens auch weglassen.

THAI-SALAT MIT GARNELEN

ZUBEREITUNG: 15 MIN. // GARZEIT: 2 MIN. // FÜR 2 PERSONEN

1. In einer großen Schüssel Frühlingszwiebel, Minze, Koriander, Chinakohl, Erdnüsse, Möhre und Chili vermischen.
2. Das Öl in einer großen Pfanne bei hoher Temperatur erhitzen. Die Garnelen hineingeben und von jeder Seite ca. 1 Minute braten. Herausnehmen und beiseitelegen.
3. Das Dressing über den Salat träufeln und vorsichtig unterheben. Den Salat auf Schüsselchen aufteilen und die Garnelen darauf servieren.

1 Frühlingszwiebel, in feinen Ringen
½ Bund Minze, Blättchen etwas zerpflückt
½ Bund Koriandergrün, Blättchen abgezupft
1 Handvoll fein geschnittener Chinakohl
70 g geröstete, ungesalzene Erdnüsse
½ Möhre, geschält, in streichholzdünnen Streifen
1 frische rote Chilischote, fein gehackt (nach Belieben Samen entfernen, dann wird's milder)
1 EL Pflanzenöl
8 rohe, geschälte Riesengarnelen (ggf. am Rücken einritzen und schwarzen Darmfaden herausziehen)
1 Rezept Thai-Dressing (siehe S. 156)

Diese Möhren passen großartig zu Braten und anderen herzhaften Gerichten. Falls ihr keine frischen Babymöhrchen findet, nehmt einfach zwei bis drei normale Möhren und viertelt sie der Länge nach. Sie brauchen dann allerdings etwas länger, um gar zu werden.

RÖSTMÖHREN MIT AHORNSIRUP

ZUBEREITUNG: 10 MIN. // GARZEIT: 25 MIN. // FÜR 4 PERSONEN

2 Bund frische Babymöhrchen
(ca. 20 Stück)
2 TL gemahlener Koriander
1 EL Olivenöl
Salz
1½ EL Ahornsirup

1. Den Backofen auf 200 °C (Umluft 180 °C) vorheizen. Ein Backblech mit Backpapier belegen.

2. Die Möhren putzen, falls nötig waschen und trocken tupfen. Ihr könnt sie auch schälen, aber das ist eigentlich nicht nötig. Die Möhren in einer großen Schüssel mit Koriander, Öl und 1 großzügigen Prise Salz vermischen, auf dem Backblech verteilen und im Backofen 25–30 Minuten rösten, bis sie weich sind.

3. Die fertigen Möhren mit einer Zange vom Blech in die Schüssel legen und mit dem Ahornsirup beträufeln. Alles gut mischen und sofort servieren.

Als ich klein war, mochte ich keine Erbsen. Seit ich sie aber mit knusprig gebratenem Speck und cremigem Käse mache, schmecken sie sogar einem Erbsenhasser wie mir!

SPECKERBSEN MIT KÄSE

ZUBEREITUNG: 10 MIN. // GARZEIT: 10 MIN. // FÜR 4 PERSONEN

1 EL Olivenöl
2 Scheiben Frühstücksspeck
   (Bacon), in 5 mm breiten
   Streifen
60 ml Sahne
70 g geriebener Parmesan,
   plus Parmesan zum Bestreuen
240 g TK-Erbsen
1 EL Zitronensaft
Salz, Pfeffer

1. Das Öl in einem Topf bei hoher Temperatur erhitzen. Den Speck hineinlegen und darin unter gelegentlichem Rühren in 2–3 Minuten goldbraun braten. Sahne und Parmesan zugeben und rühren, bis sich alles miteinander verbunden hat.

2. Die Erbsen und den Zitronensaft zugeben und 1–2 Minuten rühren, bis die Erbsen heiß und gar sind. Alles mit Salz und Pfeffer abschmecken, mit dem übrigen Parmesan bestreuen und sofort servieren.

Dieses Rezept mache ich ziemlich häufig, wenn ich eine Beilage für Asia-Gerichte brauche. Es geht superschnell. Mit Reis oder Nudeln ist es eigentlich schon fast eine eigene Mahlzeit.

SESAMGEMÜSE MIT AUSTERNSAUCE

ZUBEREITUNG: 10 MIN. // GARZEIT: 5 MIN. // FÜR 4 PERSONEN

1. Einen Wok oder eine große Pfanne bei hoher Temperatur erhitzen. Erst das Öl, dann Brokkoli und Pak-Choi zugeben und alles ca. 1 Minute braten. Dabei häufig umrühren.
2. Zuckerschoten, Brühe und Austernsauce zufügen und alles unter Rühren köcheln lassen, bis das Gemüse gar ist. (Ich mag meins gerne knackig.)
3. Das Sesamöl darüberträufeln und untermischen. Das Gemüse mit dem Sesam bestreuen und sofort servieren.

1 EL Pflanzenöl
350 g Brokkoli, in Röschen geteilt
3 Mini-Pak-Choi, der Länge nach geviertelt
150 g Zuckerschoten, geputzt
60 ml Hühnerbrühe oder Wasser
60 ml Austernsauce (Asienladen)
1 TL geröstetes Sesamöl (Asienladen)
3 TL Sesamsamen, in der trockenen Pfanne angeröstet

Bei mir kommen Kartoffeln ständig auf den Teller.
Die folgenden Rezepte sind meine Versionen der absoluten Klassiker.

EIN PAAR IDEEN FÜR DIE GUTE ALTE KARTOFFEL

RÖSTKARTOFFELN

ZUBEREITUNG: 15 MIN. // GARZEIT: 1 STD. 5 MIN. // FÜR 4 PERSONEN

800 g Kartoffeln
  (ca. 4 mittelgroße)
½ TL Meersalz
2 EL Olivenöl
6 Stängel Thymian, Blättchen
  abgezupft

> KOCHT DIE KARTOFFELN UNBEDINGT IN WASSER VOR, BEVOR IHR SIE IN DEN OFEN STECKT. SO WERDEN SIE VIEL SCHNELLER GAR. UND WEIL SIE BEI DIESEM REZEPT AUSSEN ETWAS AUFGERAUT WERDEN, BEKOMMEN SIE EINE TOLLE KRUSTE.

1. Den Backofen auf 200 °C (Umluft 180 °C) vorheizen.

2. Die Kartoffeln schälen und vierteln. In einem Topf knapp mit kaltem Salzwasser bedecken (bei heißem werden die Kartoffeln außen zu weich und bleiben innen roh). Aufkochen und ca. 13 Minuten bei geringer Temperatur köcheln lassen, bis die Kartoffeln innen weich sind (mit einem spitzen Messer prüfen). In ein Sieb abgießen und ca. 2 Minuten ausdampfen lassen.

3. Die Kartoffeln etwas in dem Sieb rütteln, um sie aufzurauen. Die Kartoffeln danach in einen großen, schweren Bräter (oder auf ein Backblech) geben und gut mit Salz, Öl und Thymianblättchen mischen. Die Kartoffeln sollten nicht zu dicht liegen, damit sie eine schöne Kruste bekommen. Im Ofen ca. 30 Minuten rösten, dann herausnehmen und einmal durchrütteln, damit sie gleichmäßig knusprig werden. Noch einmal 20 Minuten rösten, bis sie rundum eine goldbraune Kruste haben.

Kartoffelpüree ist eine der beliebtesten Beilagen überhaupt. Kein Wunder, so vielseitig, wie es daherkommt! Es passt zu fast allem – Fleisch, Geflügel, Fisch. Verwendet dafür möglichst mehligkochende Kartoffeln, dann wird das Püree besonders fluffig. Den besonderen Kick geben ein Löffel Meerrettichsahne (Fertigprodukt) oder Ringe von Frühlingszwiebel oder Schnittlauch. Einfach zum Schluss unterrühren!

BASIS-KARTOFFELPÜREE

ZUBEREITUNG: 20 MIN. // GARZEIT: 20 MIN. // FÜR 4 PERSONEN

1 kg mehligkochende Kartoffeln
100 ml Milch
100 g Butter
Salz

1. Die Kartoffeln schälen und in gleich große Stücke schneiden. Wie schräg und krumm die aussehen, spielt keine Rolle – Hauptsache, gleichmäßig, damit sie gleich schnell garen. Die Stücke in einen großen Topf geben und mit kaltem Salzwasser bedecken (bei heißem werden die Kartoffeln außen zu weich und bleiben innen roh). Aufkochen und ca. 13 Minuten bei geringer Hitze köcheln lassen, bis die Kartoffeln innen weich sind (mit einem spitzen Messer prüfen). In ein Sieb abgießen und ca. 2 Minuten ausdampfen lassen.

2. Fürs Pürieren gibt es mehrere Möglichkeiten: Entweder die Kartoffeln zurück in den Topf geben und mit einem Kartoffelstampfer zerdrücken oder durch eine Kartoffelpresse geben oder aber mit einem Löffel durch ein feines Sieb drücken.

3. Das Püree im Topf ca. 5 Minuten bei geringer Hitze erwärmen und gelegentlich umrühren, damit Dampf entweichen kann.

4. Milch und Butter in einem kleinen Topf bei mittlerer Temperatur erwärmen, zum Püree gießen, unterrühren und mit Salz würzen.

Ich möchte mich ganz ohne falsche Bescheidenheit als echten Experten auf dem Gebiet des Pommes-Selbermachens bezeichnen: Vor ein paar Jahren standen mein Freund Adam Liaw und ich mal vor einer halben Kuh und einem Berg Kartoffeln und machten sieben Tage hintereinander Steak mit Pommes. Dabei fanden wir raus, dass die Kartoffelstäbchen am besten (nämlich außen knusprig und innen fluffig) werden, wenn man sie zweimal bei unterschiedlichen Temperaturen frittiert. Gute Kartoffelsorten für Pommes frites sind Bintje oder Agria.

POMMES FRITES

ZUBEREITUNG: 15 MIN. PLUS KÜHLZEIT // GARZEIT: 30 MIN. // FÜR 4 PERSONEN

1. Das Öl in einer Fritteuse, einem großen Topf oder Wok auf 140 °C erhitzen. Die Kartoffeln schälen und in 1 Zentimeter dicke Stäbchen schneiden. Ein kleines Backblech oder eine große Servierplatte mit Küchenpapier auslegen. Die Stäbchen portionsweise im heißen Öl 5–8 Minuten frittieren, bis sie durchgegart sind und eine goldgelbe Farbe annehmen.
2. Die Pommes frites mit einer Schaumkelle aus dem Öl heben und so auf dem Küchenpapier ausbreiten, dass sie nicht übereinanderliegen. Mit Küchenpapier das Öl etwas abtupfen und die Pommes 1 Stunde abgedeckt in den Kühlschrank stellen.
3. Das Öl auf 190 °C erhitzen. Die Pommes frites wieder portionsweise hineingeben und goldbraun und knusprig frittieren. Mit der Schaumkelle herausheben, das Öl etwas abtropfen lassen und die Stäbchen auf Küchenpapier kurz entfetten.
4. Die Pommes frites in einer großen Schüssel mit Salz bestreuen, solange sie schön heiß sind (sonst fällt das Salz einfach ab), und gut mischen. Sofort servieren.

¾ l Pflanzenöl zum Frittieren
1 kg Kartoffeln (festkochend oder vorwiegend festkochend, siehe oben)
Meersalz

FALLS IHR ZEIT HABT, STELLT DIE POMMES ZWISCHEN DEN BEIDEN FRITTIER-GÄNGEN IN DEN KÜHLSCHRANK. SO WERDEN SIE RICHTIG SCHÖN KNUSPRIG.

Hier ist wichtig, dass ihr Olivenöl und Zitronensaft zu den Kartoffeln gebt, solange sie noch richtig heiß sind – so können sie die Aromen besser aufnehmen. Manchmal rühre ich noch einen großen Esslöffel körnigen Senf unter die Mayonnaise, bevor sie an den Salat kommt.

CREMIGER KARTOFFELSALAT

ZUBEREITUNG: 20 MIN. // GARZEIT: 20 MIN. // FÜR 4 PERSONEN

800 g vorwiegend festkochende
    Kartoffeln (ca. 4 mittelgroße),
    geschält
2 EL Olivenöl
1 EL Zitronensaft
Salz
60 g Mayonnaise
    (gutes Fertigprodukt)
3 Scheiben Frühstücksspeck
    (Bacon), in 5 mm breiten
    Streifen
Pfeffer
2 Frühlingszwiebeln, in schrägen
    Ringen

1. Die Kartoffeln in gleich große Stücke schneiden, in einen großen Topf geben und mit kaltem Salzwasser bedecken (bei heißem werden die Kartoffeln außen zu weich und bleiben innen roh). Aufkochen und ca. 13 Minuten bei geringer Hitze köcheln lassen, bis die Kartoffeln innen weich sind (mit einem spitzen Messer prüfen). In ein Sieb abgießen und ca. 2 Minuten ausdampfen lassen.

2. Die Kartoffeln noch heiß mit Olivenöl, Zitronensaft und 1 großzügigen Prise Salz mischen. Abkühlen lassen und erst dann die Mayonnaise unterrühren.

3. Den Speck in einer beschichteten Pfanne bei mittlerer bis hoher Temperatur knusprig ausbraten. Herausnehmen, auf Küchenpapier entfetten und abkühlen lassen.

4. Den Speck zum Kartoffelsalat geben und unterheben. Den Salat mit Salz und Pfeffer abschmecken und zum Servieren mit den Frühlingszwiebelringen bestreuen.

MENÜ-IDEEN

Für besondere Gelegenheiten reicht manchmal ein einziges Gericht nicht aus. Deshalb findet ihr auf den folgenden Seiten Rezeptkombis, die gut zusammenpassen. Hoffentlich habt ihr so viel Spaß wie ich, wenn ihr sie mit euren Freunden kocht und esst!

Macht euch das Leben so stressfrei wie möglich, indem ihr möglichst viele Komponenten eures Erstlingsmenüs vorher zubereitet. Viele Vorspeisen und Desserts lassen sich fix und fertig vorbereiten. Und keine Hemmungen: Rekrutiert ruhig einen Helfer! Es erleichtert nicht nur euch einiges, sondern die Leute freuen sich sogar meistens, wenn sie mitmachen dürfen. Sorgt für ausreichend Getränke – Wein und Bier gehen immer, aber habt auf jeden Fall auch was Antialkoholisches da für diejenigen, die nichts trinken dürfen oder noch fahren müssen.

DAS ERSTE MAL GASTGEBER

MENÜ EINS
Lamm mit Granatapfel-Couscous und Honig-Joghurt-Dressing (S. 120)
Rucola-Birnen-Salat mit Parmesan (S. 159)
Blaubeer-Mandel-Kuchen mit Joghurt-Granita (S. 130)

MENÜ ZWEI
Thai-Salat mit Garnelen (S. 161)
Honigente mit fünf Gewürzen (S. 121)
Salz-und-Pfeffer-Tofu (S. 53)
Gekochter Reis (S. 31)
Orangen-Mohn-Muffins mit Kardamomjoghurt (S. 110)

MENÜ DREI
Knusperlachs mit Thai-Salat und Chilikaramell (S. 122)
Pfirsich-Himbeer-Cheesecake aus dem Glas (S. 132)

Die gute Nachricht: Leute, die kochen können, stehen hoch im Kurs. Deshalb reicht ein simples Gericht völlig aus, um den Menschen eures Herzens zu bezirzen. Sowieso überzeugt ein toll gekochtes einfaches Essen viel eher als mittelmäßig gelungene komplizierte Sachen. Und außerdem will die Hauptperson des Ganzen ja was von euch haben und nicht Däumchen drehen, während ihr hektisch in der Küche werkelt. Wichtiger ist, dass ihr vorher nachfragt, ob es was gibt, das er oder sie nicht isst. Es gibt nichts Schlimmeres, als einen Haufen Zeit und Mühe auf ein Superduperpastagericht zu verschwenden und dann zu erfahren, dass der Gast kein Gluten verträgt. Sucht Desserts aus, die sich vorbereiten lassen. So bleibt euch mehr Zeit für das Date.

DAS MENÜ ZUM DATE

MENÜ EINS
Hähnchen-Pilz-Pies (S. 70)
Fenchel-Orangen-Salat mit Walnüssen (S. 160)
Schokotörtchen nach Art von Kyles Mum (S. 79)

MENÜ ZWEI
Superschnelles Hähnchen-Saté (S. 48)
Sesamgemüse mit Austernsauce (S. 165)
Mango-Maracuja-Sahnesünde mit Blaubeeren (S. 113)

MENÜ DREI
Pilz-Ziegenkäse-Risotto (S. 119)
Rucola-Birnen-Salat mit Parmesan (S. 159)
Schokokuchen ohne Backen (S. 126)

Manchmal muss es einfach was sein, was man direkt in den Mund stecken kann – mit den Fingern. Hauptsache, es sind genügend Papierservietten da (Küchenrolle geht auch). Und vergesst bloß nicht, genug Bier in den Kühlschrank zu legen!

MIT DEN JUNGS FUSSBALL GUCKEN
{UND ESSEN}

MENÜ EINS
Garnelenspießchen mit Limettenmayo (S. 89)
Der ultimative Cheeseburger (S. 144)

MENÜ ZWEI
Burritos (S. 95–101)
Möhrenkuchen nach Tante Net (S. 153)

MENÜ DREI
Pulled-Pork-Brötchen mit Krautsalat (S. 90)
Maiskolben für Jungs (S. 147)
Weiße-Schokoladen-Cookies mit Pistazien (S. 149)

Das Beste an Partys ist, dass das Essen nicht auf einmal fertig werden muss. Man kann vorher in Ruhe die Desserts vorbereiten, die Mayo rühren, den Pizzateig ausrollen, belegen, backen und im Ofen warm halten. Und sobald die Gäste Hunger haben, ist alles fertig. Am geschicktesten sind Gerichte, die man einhändig essen kann, während man in der anderen Hand ein Glas hält. Papierservietten und vielleicht auch Pappteller kommen immer gut.

FÜR DIE GROSSE PARTY

MENÜ

Scharf-süße Chickenwings (S. 86)
Garnelenspießchen mit Limettenmayo (S. 89)
Pizza (S. 102–107)
Peanutbutter-Brownies (S. 150)
Festliche Cupcakes (S. 133)

Hier habe ich ein paar der anspruchsvolleren Rezepte aus diesem Buch versammelt – solche, mit denen ihr echt Eindruck schinden könnt. Die drei Menüs sind sehr unterschiedlich: Das erste, das traditionell sonntagsbratenmäßig daherkommt, würde ich für die Familie kochen. Das zweite eignet sich gut als leichtes Sommermenü. Das dritte ist zwar schwerer, aber gut, wenn ihr eine größere Zahl Gäste habt: Die Törtchen könnt ihr vorbereiten und das Schweinefleisch schon am Vortag im Öl schmoren. So müsst ihr alles nur noch mit wenigen Handgriffen fertigstellen, sobald die Gäste kommen.

RICHTIG EINDRUCK MACHEN

MENÜ EINS

Brathähnchen mit echter Bratensauce (S. 66)

Röstkartoffeln (S. 166)

Röstmöhren mit Ahornsirup (S. 162)

(Hähnchen, Kartoffeln und Möhren zusammen bei 180 °C Umluft im Ofen garen. Falls ihr keine Umluft habt: die Röstkartoffeln durch das Kartoffelpüree von S. 168 und die Möhren durch den Fenchel-Orangen-Salat mit Walnüssen von S. 160 ersetzen.)

Speckerbsen mit Käse (S. 164)

Cookies-'n'-Cream-Eiscreme (S. 82)

MENÜ ZWEI

Kürbis-Rind-Tajine (S. 78)

Gurken-Radieschen-Salat (S. 159)

Kokos-Panna-cotta mit Mango, Litschi und Minze (S. 135)

MENÜ DREI

Langsam gegarter Schweinebauch mit Sellerie-Apfel-Salat (S. 124)

Maracuja-Baiser-Törtchen (S. 109)

Nach einem hektischen Tag wünsche ich mir was zu essen, das in maximal einer halben Stunde auf dem Tisch steht. Es soll einfach sein, aber lecker. Und weil „schnell" nicht heißt, dass man auf den Nachtisch verzichten muss, gibt's hier auch ein paar superfixe Desserts.

ALLTAGSTAUGLICHE ABENDESSEN

MENÜ EINS
Mein Lieblings-Wokgericht (S. 47)
Gebratene Bananen mit Salzkaramell (S. 58)

MENÜ ZWEI
Teriyaki-Hähnchen (S. 51)
Gurken-Radieschen-Salat (S. 159)

MENÜ DREI
Chloes Lieblings-Kalbfleisch-Sandwich (S. 148)
Fünf-Minuten-Schokomousse (S. 57)

MENÜ VIER
Lachsfettuccine mit Zitrone und Kapern (S. 52)
Fenchel-Orangen-Salat mit Walnüssen (S. 160)
Heiße Vom-Ei-sag-ich-jetzt-lieber-nichts-Schokolade (S. 143)

REGISTER

Ich bin unglaublich glücklich darüber, dass ich die Chance bekommen habe, dieses Buch zu schreiben. Ohne die Unterstützung und Hilfe einer ganzen Reihe von Menschen hätte ich das niemals geschafft.

DANKE:

An das tolle Team bei Murdoch: Ihr habt mir die Gelegenheit gegeben, meinen Traum vom eigenen Kochbuch zu verwirklichen (und zwar in Rekordzeit!). Amanda hat dem Manuskript auf die Beine geholfen, Alice hat das Ganze koordiniert, Shannon eine Menge Ideen und Begeisterung investiert, Helen einen Raum und unzählige Tassen Kaffee zur Verfügung gestellt. Kate und Lisa haben in der Küche geholfen, Anneka hat mir etliche kluge Sachen gesagt, und Miriam hat bei alldem aufs Detail geachtet.
An Bel und Nick, die sich unermüdlich dem Lektorat gewidmet haben.
An Hugh, der nicht nur mit Stift und Tinte, sondern auch mit seinen typischen Sprüchen zu diesem Buch beigetragen hat.
An Jess für die großartigen Fotos und für Chauffeursdienste in diesem blöden Auto. An Kirsty, Mum, Dad, Gilly Bean, Gravy und Tess, weil sie alle mich zu dem gemacht haben, was ich heute bin.
An K-Mac, J-Bolt, Al-Meow, Willy-T und Skye, weil ihr mich inspiriert und mir einen Grund gegeben habt, auch Katerrezepte mit aufzunehmen.
An die Kandidaten, die Jury und das ganze Team von MasterChef – ihr habt mir Erfahrungen ermöglicht, die ich niemals vergessen werde, und mir jede Menge übers Essen beigebracht (allerdings nichts über Tischtennis).
An Adam und Matt – ihr habt mir ein Dach über dem Kopf gegeben und mich in der Kunst unterwiesen, ein Mann zu sein.
An Lisa und Caitlin, weil sie mir in Konflikten zur Seite gestanden haben.
An alle Köche, mit denen ich zusammenarbeiten durfte, für alles, was ich dabei gelernt habe.
An Dan, der mir mehr als jeder andere zum Lehrer in der Küche geworden ist.
Und schließlich an Chloe: Ohne deine Hilfe, Unterstützung und Liebe wäre es zu diesem Buch niemals gekommen.

5 4 3 2 1 17 16 15 14 13

978-3-88117-903-4

Text: © Callum Hann 2012
Fotografie: © Jessica Lindsay 2012
Übersetzung: Sabine Schlimm
Redaktion: Christin Geweke
Satz: Wilhelm Schäfer, typocepta, Köln
© 2013 Verlag W. Hölker GmbH,
Hafenweg 30, 48155 Münster, Germany
Alle Rechte vorbehalten, auch auszugsweise

Printed in China

www.hoelker-verlag.de

Die Originalausgabe ist unter dem Titel „The Starter Kitchen"
2012 bei Murdoch Books Pty Ltd. erschienen.

Murdoch Books Australia
Pier 8/9, 23 Hickson Road
Millers Point NSW 2000
Phone: +61 (0) 2 8220 2000
Fax: +61 (0) 2 8220 2558
www.murdochbooks.com.au
info@murdochbooks.com.au

Murdoch Books UK
Erico House, 6th Floor
93–99 Upper Richmond Road
Putney, London SW15 2TG
Phone: +44 (0) 20 8785 5995
www.murdochbooks.co.uk
info@murdochbooks.co.uk

Verlegerin: Amanda Maclean
Illustrator und grafische Gestaltung: Hugh Ford
Styling: Miriam Steenhauer
Text © Callum Hann 2012
The moral right of the author has been asserted.
Design © Murdoch Books Pty Limited 2012
Fotos © Jessica Lindsay 2012